JN051356

新時代を生きる力を育む

知的・発達障害のある子の
プログラミング
教育実践②

監修：金森克浩　編著：水内豊和・齋藤大地

はじめに

　2020年3月に富山大学の水内豊和先生を中心とした全国の皆さんと『新時代を生きる力を育む　知的・発達障害のある子のプログラミング教育実践』(ジアース教育新社)を発刊しました。さあ、これから多くの人に紹介しようとした矢先に世界中がコロナ禍に見舞われてしまいました。

　そのような中、この本をきっかけとして、多くの著者の方々はオンラインでの交流を通じて学習会を積み重ねてきました。本書は、そのメンバーがこの1年半の各地での活動で培った実践の発表となっています。

　さて、本書の構成としては第1章で「プログラミング教育を知ろう！考えてみよう！」として、知的障害や発達障害のある子どもたちへプログラミング教育を行う上で、理解して欲しいことやこれまでの実践を押さえた内容を、多くの実践者や専門家に書いてもらいました。じっくり読みたいという人は、まずここから読んで下さい。

　次に、第2章で「プログラミング教育をやってみよう！」として全国各地で行われていた30の実践を紹介しています。どんな事ができるのだろうと気になる人はすぐにこちらを見るといいでしょう。ただし、皆さんの学校でそのまま使えるわけではありません。学校の規模や子どもの実態、使えるツールには違いがあります。

　さて、本書の第1章第9節青木高光氏から「知的障害特別支援教育におけるプログラミング教育の課題」という宿題が出されました。前著の「はじめに」で私が書いた知的障害のある子どもにプログラミング学習は有効(有用)である、ということについての建設的問いかけがありました。プログラミング学習と知的障害を補うものとしてのPCの活用のつながりは論理的な飛躍があるということ、クリエイティビティとプログラミング教育の目的は違うということです。詳しくは当該の説をご一読下さい。青木氏の指摘はもっともなことで、前著では十分な説明をしきれなかったと思います。本書の青木氏からの引用ですが、本書の実践が知的障害の子どもたちの個々の強みを生かす学習として、プログラミング教育がどう位置づけられるかといった視点でお読み下さい。

　まだまだ、知的障害や発達障害のある子どものプログラミング教育実践は限られており、認知特性を理解した上で、彼らの学びを拡げるための実践は、これからだと思います。ぜひ、本書を読んでの感想やこんな実践をはじめたという声を私たちにお寄せ下さい。機会があればまたこの続きを書きたいと思います。

金森克浩

もくじ

※本書は、特別支援学校の実践に加え、小学校・中学校特別支援学級での実践も紹介している。
　　小 は特別支援学校小学部及び小学校特別支援学級、中 は特別支援学校中学部及び中学校特別支援学級、高 は特別支援学校高等部での実践である。
※本書は、教科（学習指導要領に基づく）＞学年＞ツール（アンプラグド・タンジブル・ビジュアル・フィジカル・テキスト）の順番で掲載している。

私の経験のゆたちをうにちとう
プログラミング教育の意義

第1章

プログラミング教育を知ろう！考えてみよう！

知的障害のある子どもにとっての プログラミング教育の意義

富山大学人間発達科学部　水内豊和

1. プログラミング教育のねらい

2020年度より、小学校のみならず特別支援学校の小学部においてもプログラミング教育は取り組むべきこととされました。プログラミング教育では、自分が意図する一連の活動を実現するために、どのような動きの組み合わせが必要であり、一つ一つの動きに対応した記号をどのように組み合わせたらいいのか、記号の組み合わせをどのように改善していけばより意図した活動に近づくのか、といったことを論理的に考えていく力（＝プログラミング的思考）を各教科等での学びの中でねらうことが求められています。

まずはこのプログラミング教育のねらいについて、例を挙げながら解説します。小学校段階の教育課程内で実施する学習活動分類のうち「A 学習指導要領に例示されている単元等で実施するもの」（いわゆるA分類）では、算数科第5学年の学習内容に該当するものとして、正多角形について学ぶ単元があります。小学校でよくみられる実践としては、タブレット端末にインストールしたアプリScratchやネット上のプログルというプログラミングツールを用いて、正多角形を作図するというもの。キャラクターに鉛筆を持たせて、グリーンの旗を押せば、指定した座標からどれぐらい歩き、そこで何度右に曲がる。それを何回繰り返す。そうした思考をブロック型のプログラミング言語でプログラミングします（図1）。ここでは正多角形について「辺の長さが全て等しく、角の大きさが全て等しい」という正多角形の意味を用いて作図できることを、Scratchのような視覚的訴求力の高いプログラミングツールを通して確認するとともに、人間には正確な作図は難しくともコンピュータであれば容易にできることに気づかせることがねらいとなります。

確かに、コンピュータを用いれば、正七角形でも、正十七角形でも、そして正三百六十五角形であっても、きちんと作図してくれるでしょう。従来の定規と分度器

図1　Scratch による正三角形を描くプログラミング

Scratch は、MIT メディア・ラボのライフロング・キンダーガーテン・グループの協力により、Scratch 財団が進めているプロジェクト。https://scratch.mit.edu から自由に入手できる。

のみで正確に作図することが難しいという経験をこれよりも先にしていれば、この単元においてプログラミングツールを用いた作図は、正多角形の基本的な性質をビジュアルで理解するだけでなく、プログラミングによるメリットを感じることでプログラミング的思考が養われる経験をすることができるでしょう。また、正n角形のnが増えれば増えるほど、円に近似していくことをアニメーションで視覚的に理解することで、円の学習の導入にも使えるかもしれません。

2. 小学校と知的障害特別支援学校のプログラミング教育の共通点と相違点
(1) 共通点
　筆者は2017年度より、総務省の研究開発指定を受けた小学校特別支援学級での実証研究や、発達障害児を含む親子を対象にした大学での公開講座などの場での体験講座、そして富山大学人間発達科学部附属特別支援学校にて、プログラミング教育・活動を数多く実施してきました。そこでは従前のプログラミング教育の目指す学びも大事にしつつ、子どもたちの「できた、わかった、うれしい！」をいかに引き出すかを、様々なプログラミングツールを用いて検討してきました。

　筆者がよくプログラミング教室で用いる教材の一つに、たこ焼きサイズのOzobotというマイクロロボットがあります。これは黒のラインをトレースして動きます。インプットされている赤・青・緑・黒4色の組み合わせから成る30種類ほどの決められたコード（命令）があり、ライン上の色の組み合わせを読み込むことで右折したり、止まったり、回転したり、速度をあげたりします。図2のような問題と、3色の丸シールを渡して、「どうしたらOzobotくんが、ゴールまで行くことができるかな？」という問題を出しています。

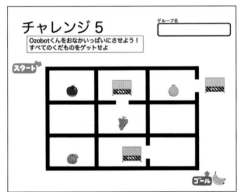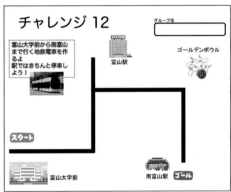

図2　Ozobotでプログラミングを考える活動

　その前に、隠されたコードの意味を発見する活動時間をとるのですが、小学校3年生のK子ちゃんは、プログラミングして問題解決をするよりも、隠されたコードを発見するこの活動にしっかり時間をかけており、ゆっくり進むは「ナマケモノ」、ダンスのようなキレのある動きは「安室奈美恵」、360度ターンは「羽生結弦」と、発見したコードにとても愛らしく命

名してくれました（図3）。このような、プログラミング的思考の習得以上に、子どもたちの見せる自由な発想に何度もびっくりさせられたものです。

　ただし、もしこの場面が、小学校の一斉授業の中でのものであれば、K子ちゃんの活動は、教育のねらいの本質から外れており、教師は、そんなことよりも早くここでの課題（つまり、いかに効率的にプログラミングをしてOzobotをゴールに辿り着かせるか）に取り組ませることを重視したいかもしれません。しかし、文部科学省がねらう先述の力の育成は、昨今急増しているプログラミング塾のようなところで指導プログラムに沿ってコンピュータスキルをなぞるように教えるものと、同じでよ

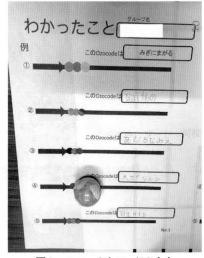

図3　ユニークなコードの命名

いとは思いません。ここではコードの命名の理由などを聞くことで、子どもの自由な発想や自己表現する力を引き出せることも、小学校、特別支援学校を問わず、教育的な便益であると考えます。

（2）相違点

　ここで考えなければならないことは、児童・生徒の実態もニーズも多様な特別支援教育の文脈の中で、このプログラミング教育の経験が、児童・生徒のどのような学びにつながるのかということです。先に示したよくある小学校での実践の方法を形式的に再生産する「量産型プログラミング教育」となってしまい、子どもへの教育的効果が「楽しかった」レベルに留まり、生活や他の学習に何も般化しないものだとしたら残念です。

　また、小学校段階におけるプログラミング教育は「コーディングを覚えることが目的ではない（2016年の「小学校段階におけるプログラミング教育の在り方について（議論の取りまとめ）」を勝手に誇張解釈して、特別支援学校における小学校段階のプログラミング教育は「コンピュータを用いない、アンプラグド・プログラミングの教育」だけでよいという論調で語られることがあります。「ダンス」の動きを考えて、順次、分岐、繰り返しを意識させる実践は特別支援学校でもよく見られます。たしかにプログラミング教育はプログラマーを育てることではないです。しかし、プログラミング的思考が長けた人は、物事を論理的に考えることができ、例えば誰かにものを頼む際にも、その指示は的確でわかりやすいものとなるでしょう。今日プレゼンテーション能力とスキルの習得は知的障害特別支援学校でも情報の時間などで扱っていますが、わかりやすいプレゼンテーション作成の可否はプログラミング的思考に大きく左右されます。PowerPointなどのプレゼンテーションソフトを使いこなすためだけでなく、AI時代を生き抜くためにもタブレットやロボットなどのICTに触れないで良い、アンプラグドだけで良いということはないと考えます。むしろICTの活用はプログラミング的思考だけ

でなく、認知面、社会的スキル、コミュニケーションといったような様々な力につながる学習活動に展開できます。

3. 生きる力を育むプログラミング教育―本書のめざすところ―

筆者は知的障害のある子どもたちにプログラミング教育を実施してくる中で、やみくもに試行錯誤するだけの活動では論理的に考えることにはつながりにくいことを痛感しています。以下に挙げる5つのポイントは、特に知的障害のある児童生徒におけるプログラミング教育において留意すべきことと考えています。

```
・思考の可視化
・できた、わかったを支える支援ツール
・苦手を補い過度な失敗をしない配慮
・協働する学びの環境設定
・生活に資する、つながる教育活動
```

本書で採録させていただいた実践の中には、この5つのポイントのいくつかまたはすべてが盛り込まれた事例が含まれていることに気づくでしょう。

Code A Pillar

Ozobot

Viscuit

図4　思考を可視化し、できた、わかったを支える支援ツールと協働する学びの環境設定

これまで述べてきたように、「プログラミング教育」である前に、当たり前のことですが、まずは「特別支援教育」なのです。したがって、個々の子どもの実態把握に基づき、教科・領域等における学習内容の目標の達成のための学習活動の一環としてプログラミングを取り入れた教育をどのように織り込んでいくのかが、これから実施をしていく学校や先生には求められているといえるでしょう。

障害児が高等部卒業後に就く仕事の内容である、清掃やお菓子作りなどは近い将来 AI により無くなると言われています。障害のある子どもたちにこそ、プログラミング的思考を育み、それを活かすことが求められる時代を生きていくために、プログラミング教育は重要な役割を果たすと考えています。

前書『新時代を生きる力を育む　知的・発達障害のある子のプログラミング教育実践』を刊行したのが 2020 年 3 月で、本書の刊行までに約 1 年半が経ちました。この間、知的障害特別支援学校におけるプログラミング教育実践が、特別支援教育に関する商業誌などでいくつか散見されるようになってきました。しかし、知的障害のある子どもというまったく一様ではない対象への、「いま」と「これから」を見据えたプログラミング教育は、まだまだ実践の上で参考に資するほど十分とはいえません。「新時代を生きる力を育む」ための方途としてのプログラミング教育のために、本書の実践事例を参考にして、ぜひチャレンジしていただきたいと思います。

引用・参考文献

水内豊和（2019）知的障害特別支援学校小学部におけるプログラミング教育の実施状況と課題. 富山大学人間発達科学研究実践総合センター紀要, 14, 141-145.
水内豊和編（2020）新時代を生きる力を育む　知的・発達障害のある子のプログラミング教育実践. ジアース教育新社.
水内豊和（2021）特別支援教育における情報活用能力の育成―「プログラミング教育」の可能性―. 特別支援教育の実践研究会編. ICT ×特別支援　GIGA スクールに対応したタブレット活用. 明治図書出版, 16-19.
水内豊和・山西潤一（2018）小学校特別支援学級における様々な障害のある子どもに対するプログラミング教育の実践. STEM 教育研究, 1, 31-39.
文部科学省（2016）小学校段階におけるプログラミング教育の在り方について（議論の取りまとめ）.
文部科学省（2017）特別支援学校幼稚部教育要領　小学部・中学部学習指導要領.
文部科学省（2020）小学校プログラミング教育の手引（第三版）.
渡部信一編（2019）AI 研究からわかる「プログラミング教育」成功の秘訣. 大修館書店.
渡部信一編（2020）AI 時代の教師・授業・生きる力―これからの「教育」を探る―. ミネルヴァ書房.

認知心理学からみたプログラミング

宇都宮大学共同教育学部　齋藤大地

　プログラミングとは、「目標を捉え、目標達成に向け計画を立て、実行し、うまくいったか
どうか確認し、必要であれば修正し、最終的に目標にたどり着く」という複数の要素が関連し
合った非常に複雑な活動です。私達がプログラミングをする時、どのような力を使っているの
でしょうか。それらの力を知ることによって、プログラミングに対する理解がより一層深まり、
目の前の子どもがどこにつまずいていて、それはなぜなのかについて見当をつけることができ
るようになります。つまずいている要因について理解することは、根拠のある支援につながっ
ていきます。そこで本節では、プログラミングに必要な能力について認知心理学的な観点か
らみていきたいと思います。

1.　プログラミングに必要な能力

　認知心理学においてプログラミングは、"問題解決"（problem solving）という大きな枠組
みの中に位置づけることができます。我々の身の回りには、料理や洗濯などの家事、外出や
旅行の計画など様々な問題状況があります。これらの問題状況には共通して、「こうなればよ
い状況」と「今ある状況」があり、両者の間には隔たりがあります。認知心理学では、この
隔たりを解消し「今ある状況」を「こうなればよい状況」へ近づけていくまでのプロセスを、
情報処理の過程として捉えます。

　認知心理学における問題解決についての研究において、しばしば用いられてきた代表的な
問題に「ハノイの塔」課題（図１）があります。実験参加者は、「ハノイの塔」課題において
「今ある状況」を「こうなればよい状況」にすることが求められ、そこでどのような方略やプ
ランを使用するか、どのような解決の手順（アルゴリズムかヒューリスティックか）を採用
するのかが、主要な研究の対象となります。「ハノイの塔」課題においては、問題を解決する
ための知識は実験者から実験参加者に提供され、解決するための知識（図１の［ルール］）は
課題中に全て含まれています。このように考えると、「ハノイの塔」課題などの「よく定義さ
れた問題」とは異なり、プログラミングは「よく定義されていない問題」であり、解決のため
には一定程度の知識やスキルが必要となります。こうした知識やスキルは、これから解説
をするプログラミングに必要な力の前提となります。

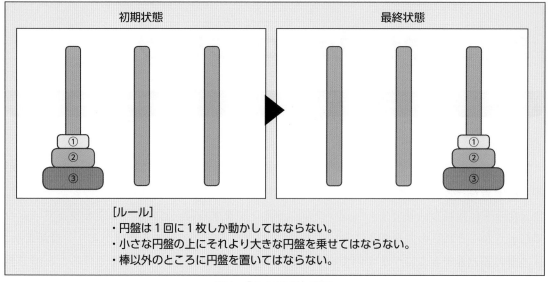

図1 「ハノイの塔」課題

では、ここからはプログラミングを「問題解決」として捉えた時に、必要となるより本質的な力について考えていきたいと思います。まず、一般的にプログラミングの過程は図2のように考えることができます。

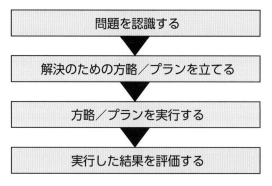

図2 プログラミングの過程

[**問題を認識する**]段階においては、どのようなことを解決する必要があるのかについて理解するとともに、最終的なゴールと現時点の状態の両者を把握し、その間にある隔たりについて理解する必要があります。この段階においては、問題自体を理解するための全般的な認知能力が欠かすことができません。そのため、知的障害のある児童生徒に対しては、個々の全般的な認知能力を考慮した上で適切な課題設定を行う必要があります。また、問題自体を認識し何をすればよいかが分かることが重要ではありますが、その問題自体を子ども自身が解きたいと思っているか、つまり**動機づけ**（motivation）に関しても意識を向ける必要があります。動機づけには、一般的には**内発的動機づけ**（intrinsic motivation）と**外発的動機づけ**

(extrinsic motivation）があることが知られており、動機づけの対象を自身の内側に求めるか外側に求めるかによって分けられます。具体的には、内発的動機づけとは、北尾・中島・井上・石王（2003）によれば「他の報酬の獲得とは無関係で、その動機づけが引き起こす行動そのもののためになされる動機づけ」のことを指し、外発的動機づけとは、「何らかの他の報酬を得るために、手段としての行動を引き起こす動機づけ」のことを指します。内発的動機づけをもたらすものとして、知りたいという欲求の源泉である知的好奇心や、できるようになりたい、うまくなりたいという有能さや熟達への欲求があります。

　教育の場面では、一般的に学習者の内発的動機づけを高めることが自律型の学習者の育成において有効であると言われます。プログラミングにおいても、プログラミングツール自体の新規性や機能性などの外的なものに動機づけられるだけではなく（導入段階ではこういった外発的な要因は重要だと考えます）、「こうしたい、ああしたい」「こうしたらどうなるだろう」といった想いが子どもたちの内側から湧き出てくるような、つまりは内発的に動機づけられる姿を目指していきたいものです。

　［解決のための方略／プランを立てる］段階においては、前段階において捉えた問題状況に基づき、自分自身のこれまでの経験や知識から最適だと思われる方略／プランを導き出す必要があります。［問題を認識する］段階において、過去の経験と照らし合わせ、類似した問題状況を想起することができれば、その際に有効であった方略／プランを目の前の問題状況に適用しようと考えることもできます。過去と現在の2つの問題状況がどの程度類似しているかによっても想起の難易度は異なります。例えば、過去の問題状況としてロボットカーを用いたルートのプログラミングがあったとしましょう。同じロボットカーを用いているがルートがより複雑になったという問題状況と、PC上のキャラクターをスタート地点からゴール地点まで移動できるようにプログラミングするという問題状況では、後者が前者に比べ、過去の問題状況の経験を活かすことがより難しいことは明らかです。

　認知心理学においては、前に学習したことがその後の学習に影響を及ぼすことを**転移**（**transfer**）と言います。転移には、前の学習が後の学習を促進する正の転移と、妨害する負の転移がありますが、正の転移はいわゆる"応用が効く"状態を指し、効率的な学びには欠かすことができません。転移に影響する要因としては、これまで説明してきた学習材料、方法などの類似性だけではなく、前学習の練習量や学習間の時間間隔などがあります。プログラミングにおいては、近い転移(near transfer)が起きやすいような課題設定を意識することで、学習者は学んだことを次に活かすことができるようになっていきます。プログラミングで得た力を他の学習場面や日常生活において活かすことができる姿とは、遠い転移（far transfer）が起きている状態を考えることができます。しかしながら、領域固有の知識が他の領域の問題解決に活かされることは容易には生じないと一般的には考えられています。さらに、脳科学の視点からプログラミング教育を考察した細田（2020）は、プログラミング的思考を教科

横断的スキルとみなし、他の領域の問題解決に活かされると判断するには、妥当性の検証の余地が残されていると述べています。プログラミングで得た力を、指導者が意図的に他の場面で活用できるように設定すること自体は有効な試みだと思いますが、遠い転移が起きたかどうかの評価については慎重になるべきだと考えます。

　[**方略／プランを実行する**] 段階においては、前段階において導き出された方略／プランを目の前の問題解決状況に適用します。前段階において、何も方略／プランが生成されない場合は、思いついたままに問題を解決しようとする、いわゆる場当たり的な問題解決となってしまいます。子どもたちがあれやこれやと様々なやり方で問題の解決を試みている試行錯誤の状態においては、そこに明確な方略／プランがあるのか無いのかが観察の視点となります。事前に方略／プランを立てることで、それが失敗に終わったとしても、根拠を持って別の方略／プランに移行することができます。その時に、失敗の理由を考えることで次に生成される方略／プランの質は向上することになります。一方で、方略／プランを生成しないまま闇雲に問題解決をしていると、たまたま成功することがあるかもしれませんが、なぜ成功したのかが本人にフィードバックされづらいために、次に同じような問題状況に出くわした際に、根拠を持って適切な方略／プランを生成することはできないでしょう。

　[**実行した結果を評価する**] 段階においては、実行した方略／プランが成功したのか、失敗したのか自分自身で評価する必要があります。ここでは、何が失敗で何が成功なのかその基準を自分自身の中に持っている必要があります。例えば、ロボットカーをスタート地点からゴール地点まで移動させる課題では、視覚的に失敗か成功かがフィードバックされるために、結果の評価が容易になります。一方で、画面上のキャラクターに自分自身が思い描いた動きをさせるという課題では、事前にどのような動きを思い描いていたのかについて内的表象を形成しておく必要があり、評価の段階においてはその表象と画面上で起こったことの比較が行われます。ここでは、内的表象を描き続ける力が必要とされます。プログラミングにおいては、基本的に失敗という概念はなく、失敗は次の成功への大いなる糧だと考えられていますが、そこで重要なのがなぜ失敗したのかについて分析することです。つまり、[実行した結果を評価する] 段階までの3つの段階のうち、どの段階に失敗の原因があるのかについて特定する必要があります。例えば [問題を認識する] 段階に原因があった場合には、最終的なゴールの状況自体や現時点の状況との隔たりを的確に捉え直す必要があります。また、[解決のための方略／プランを立てる] 段階に原因があった場合には、方略／プランの修正が必要となります。

　こうした方略／プランの評価と修正のためには、**モニタリング**（monitoring）という力が必要となります。モニタリングとは**メタ認知**（metacognition）の1つの側面であり、自己の現在の認知状態やプランあるいは実行中の方略についての情報を収集し、随時設定された基準に照らして評価する過程と、新たにプランニングしたり、現在の活動を修正していく制御

過程からなります。モニタリングは、問題解決中に行われることのみを対象とするのではなく、問題に取り組む前に「今回の問題は、どのくらい難しいのか」を予想したり、問題に取り組んだ後に「今回の問題で新しく学んだことは何か」などを振り返ることも含まれます。

　対象を評価し、評価に基づいて行動をコントロールするモニタリングという力は、複数の選択肢を自分の中の基準に照らし合わせて評価し、その評価に基づいて特定の選択肢を選ぶという自己決定という力にも通ずるものがあります。知的障害者を対象に自己決定に関わるモニタリング機能について検討した今枝（2019）では、MA（精神年齢）6歳台以下の対象者、つまり知的発達段階上、前操作期にある知的障害者はモニタリングが困難であることが示されています。同時に、前操作期にある知的障害者においても選択・決定に至るまでのプロセスを明確にし、どのようなプロセスを経たか可視化・焦点化することによって、選択・決定以前のプロセスと自ら選択した選択肢との関連付けが可能になるとも指摘されています。このことをプログラミングという活動に当てはめてみると、ゴールに到達するために立てた方略／プランを「可視化する」だけではなく、それぞれの方略／プランがどのような結果を導いたのかについても「可視化する」といった支援が有効であると考えることができます。

　ここまでプログラミングの過程を4段階に分けて各段階における必要な力についてみてきましたが、全ての段階において必要となるのが、**ワーキングメモリ**（working memory）と呼ばれる記憶に関する力です。プログラミングにおいては、何をすべきなのかという最終的な目標と、そのために実行すべき方略／プランを、目標が達成されるまで覚えておく必要があります。しかし、こうした一時的な記憶は、教室の外から聞こえる物音や空腹や眠気などの生理的な現象のような外部からの妨害刺激によって妨げられるため、そうした干渉に打ち勝って保持される必要があります（湯澤・湯澤，2017）。このような、問題解決時に学習者に対して課されるワーキングメモリへの負荷は、直接的に学習活動に影響を与えます。

　したがって、他の学習と同様にプログラミング学習においても、常に児童生徒のワーキングメモリに対する負荷を考慮する必要があります。ここでは、Sweller（1988）によって提唱された認知負荷理論をご紹介したいと思います。認知負荷理論は、記憶研究の知見に基づいた教授理論ですが、現在では外在的負荷、内在的負荷、および課題関連負荷の3つのタイプの認知負荷が想定されています。湯澤・湯澤（2017）によれば、外在的負荷とは、不適切な教授デザインや教材の構造によって生じる認知負荷のことを指し、それが外的な教授環境に起因するため、その環境を適切に修正することで減ずることができると考えられています。内在的負荷とは、一度に処理すべき要素の数が多いなど、課題に必要となる内在処理から発生する負荷であり、熟達化による処理の自動化などによって減ずることができると考えられています。一方で、課題関連負荷とは、当該の課題に利用されるリソースのことであり、この負荷は課題遂行にとって必要なものとされます。外在的負荷と内在的負荷の総量が高まり、これがワーキングメモリ容量を超えてしまうと、学習に必要な処理に利用されるべき課題関連負荷をカ

バーすることができず、学習効率が低下すると予測されます。

　一般的に知的障害のある児童生徒はワーキングメモリに弱さがあると指摘されていますので、いかに外在的負荷と内在的負荷の総量を減らし、課題関連負荷に使用できる容量を維持するかが重要となります。プログラミング学習においては、個々のワーキングメモリ容量を把握した上で、教える場面と考える場面の配分、教材の工夫、課題の難易度などを記憶への負荷といった観点から的確に調節していく必要があるでしょう。

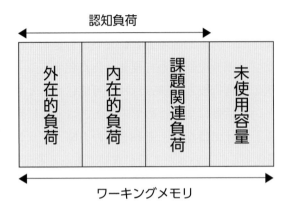

図3　認知負荷理論における認知負荷とワーキングメモリ容量の関係
（「ワーキングメモリと教育」p20 の図を一部改変）

引用・参考文献
細田千尋（2020）脳科学からプログラミング教育を考える－プログラミング的思考は汎化するのか？－. 情報処理, 61（11）, 1120-1125.
今枝史雄（2019）成人期知的障害者における自己決定に関わるモニタリング機能の特徴. 大阪教育大学紀要総合教育科学, 67, 33-38.
北尾倫彦・中島実・井上毅・石王敦子（2003）グラフィック心理学. サイエンス社.
Sweller, J.（1988）Cognitive load during problem solving: Effects on learning. Cognitive Science, 12, 257-285.
湯澤正道・湯澤美紀（2017）ワーキングメモリと教育. 北大路書房.

情報活用能力を高める授業デザイン

一般社団法人 SOZO.Perspective 代表理事／新渡戸文化小学校
（前東京都立石神井特別支援学校）海老沢穣

1. Society5.0 時代と学校教育

現代の社会は、「ICT の浸透が人々の生活をあらゆる面でより良い方向に変化させるデジタルトランスフォーメーションが進みつつある時代」とされています（総務省, 2019）。社会の在り方が劇的に変化し、予測困難な時代に突入する中で、学校教育も大きな変革を迫られています。これからの未来に生きる子どもたちに、学校ではどのような力を培っていけばよいのでしょうか。

2021 年（令和 3 年）1 月に、今後の初等中等教育の方向性をまとめた中央教育審議会の答申「『令和の日本型学校教育』の構築を目指して～全ての子供たちの可能性を引き出す、個別最適な学びと、協働的な学びの実現～」が出されました。そこでは、「一人一人の児童生徒が、自分のよさや可能性を認識するとともに、あらゆる他者を価値のある存在として尊重し、多様な人々と協働しながら様々な社会的変化を乗り越え、豊かな人生を切り拓き、持続可能な社会の創り手となることができるようにすることが必要」であるとされています。文部科学省の調査では、日本の子どもたちは国際的に見て自己肯定感の低い状況にあることが明らかになっています（文部科学省, 2016）。今後は一人一人が自分のよさや強みを知り、他者と関わることによって様々な価値観を身に付け、さらに多様な人々と協働していくことが必須なものになります。主体的・対話的で深い学びとは、そうした力を身に付けるための学びを学校教育段階で体験し、生涯にわたって学び続ける力を培うことがねらいです。

さらに中教審の答申は、ICT を、「これからの学校教育を支える基礎的なツールとして必要不可欠」と位置付けています。「ICT の全面的な活用により、学校の組織文化、教師に求められる資質・能力も変わっていく中で、Society5.0 時代にふさわしい学校の実現が必要」であることが明記されているのです。

今回の GIGA スクール構想の実現によって、「1 人 1 台端末・高速通信環境」が整備されました。その構想には「特別な支援を必要とする子供を含め、多様な子供たち一人一人に個別最適化され、資質・能力が一層確実に育成できる教育 ICT 環境を実現する」こと、「教師・児童生徒の力を最大限に引き出す」ことが掲げられています（文部科学省, 2020）。そもそもこうした整備が急速になされる背景にあったのは、学びの中で ICT の利活用が全く進んでいない日本の状況への危機感です。経済協力開発機構（OECD）の「ICT 活用調査」によれば、学校の授

業におけるICTの利活用において、日本はOECD加盟国の最下位にあることが明らかになっています(国立教育政策研究所, 2019)。授業の中で活用がされていないため、ICTを学びのツールとして子どもたちが認識できていないのです。その一方で、これからの社会ではデジタルツールを活用しない場面はほぼなくなっていくと思われます。日本が掲げるSociety5.0とは、「サイバー空間(仮想空間)とフィジカル空間(現実空間)を高度に融合させたシステムにより、経済発展と社会的課題の解決を両立する、人間中心の社会(Society)」(内閣府, 2016)であり、そこで目指すべき未来社会とされているのは、デジタルを活用したイノベーションによって新たな価値が生み出される社会です。学校内外の教育でICTを学びのツールとして利活用し、子どもたちそれぞれの力が最大限発揮されることで、こうした未来社会の実現が真実味を帯びてきます。私たちはまさに今、そうした未来に向けた教育を担う教師となる端緒にいるのです。

2. 情報活用能力とは

ICTを活用することで子どもたちが身に付ける力とはどんなものでしょうか。ここでは新学習指導要領で「全ての学習の基盤として育まれ活用される資質・能力」として位置付けられている「情報活用能力」について見ていきましょう。「情報活用能力」とは、「世の中の様々な事象を情報とその結び付きとして捉え、情報及び情報技術を適切かつ効果的に活用して、問題を発見・解決したり自分の考えを形成したりしていくために必要な資質・能力である」と定義されています(文部科学省, 2020)。具体的には、「学習活動において必要に応じてコンピュータ等の情報手段を適切に用いて情報を得たり、情報を整理・比較したり、得られた情報を分かりやすく発信・伝達したり、必要に応じて保存・共有したりといったことができる力であり、さらに、このような学習活動を遂行する上で必要となる情報手段の基本的な操作の習得や、プログラミング的思考、情報モラル等に関する資質・能力等も含む」(文部科学省, 同掲)ものです。

1人1台の端末が整備されたことによって、子どもたちは日常的に学びの中で情報を活用できる新しいフェーズへと進んでいくことになります。その中で、コンピュータの仕組みそのものを知り、それが生活の中でどのように活用されているのかを理解するために、情報活用能力の1つとしてプログラミングが位置付けられています。プログラミング教育が必修化された背景にはそうした大きな教育の流れがある、と捉えると分かりやすくなるのではと思います。

3. エージェンシーとウェルビーイング

では、こうした情報活用能力が必須だとすると、その資質・能力を生かしてどんな学びを

目指すのか、またどんな授業が可能になるのでしょうか。

OECD が近未来の教育について世界に提言するEducation2030 プロジェクトでは、エージェンシー（Agency）というキーワードが掲げられています（シュライヒャー, 2019）。これは「自ら考え、主体的に行動して、責任をもって社会変革を実現していく力」とされています。子どもたちだけでなく、大人もこのエージェンシーを身に付け、社会の当事者としてよりよい社会創りに関わっていくことが求められています。

しかし、現在の日本ではこうした力を培う教育がなされているでしょうか。2019 年、公益財団法人日本財団による「第 20 回 18 歳意識調査」で、日本を含む 9 か国の若者を対象に「国や社会に対する意識」をテーマにしたアンケート調査が行われました（日本財団, 2019）。その結果、「自分を大人だと思う」「自分は責任がある社会の一員だと思う」「将来の夢を持っている」「自分で国や社会を変えられると思う」「自分の国に解決したい社会課題がある」「社会課題について、家族や友人など周りの人と積極的に議論している」といった項目の全てにおいて、「はい」と答えた割合が他国に比べて際立って低い日本の現状が明らかになりました。これは、子どもたちの自己肯定感や自己効力感が著しく低いという先の文部科学省の調査結果（文部科学省, 2016）と背景は共通していると考えられます。「教師が与えた課題を解いて正解を出す、教師が指示した通りの活動に正確に取り組む」といった従来の学び方を超え、「問いを立てて主体的に考え、行動し、よりよい社会を創るために試行錯誤をしながらチャレンジをする」学びへ。これからの教育では、そうした学びを積み重ねていくことが大切になっていきます。

では、よりよい社会とはどのような社会を指すのでしょうか。Education2030 では、そこで目指される社会を「ウェルビーイング(Well-Being)」としています。これは「個人、コミュニティ、地球全体が幸せな状態」です。これを目指すべきビジョンとして教育を通して実現に向けてチャレンジしていく。そうした教育と授業のデザインが求められているのです。

4. SDGs（持続可能な開発目標）と教育

「ウェルビーイング（Well-Being）」を実現するために、具体的にはどのような目標があるでしょうか。これには、SDGs（持続可能な開発目標）が分かりやすい指標としてあげられます。SDGs は「誰一人取り残

さない」持続可能な社会の実現に向け、世界の解決す
べき課題が 17 にまとめられた全世界共通の目標です
（国際連合広報センター）。この視点を取り入れた授業
をデザインすることは、新しい学習指導要領の掲げる
「社会に開かれた教育課程」を実現することにもつな
がります。

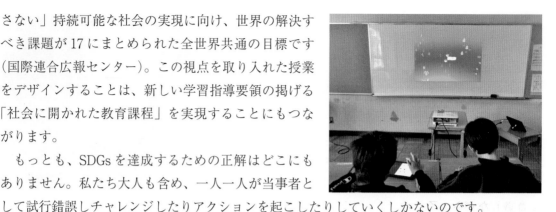

　もっとも、SDGs を達成するための正解はどこにも
ありません。私たち大人も含め、一人一人が当事者と
して試行錯誤しチャレンジしたりアクションを起こしたりしていくしかないのです。

　では、特別支援学校では SDGs に基づいて、どのような授業が考えられるでしょうか。海老
沢（2020）は、特別支援学校中学部の生徒 5 名を対象に、職業・家庭（情報）の授業で取り組
んだビジュアルプログラミング言語「Viscuit」を、他校とコラボレーションした SDGs のプ
ロジェクトに応用する取り組みを行いました。静岡県立掛川西高等学校が地域と連携して取
り組んでいるプロジェクションマッピングイベント「掛川城プロジェクションマッピング」に、
特別支援学校として映像参加をすることになり、生徒たちから、SDGs をテーマにした映像を
制作したいという声が上がりました。SDGs には目標 14「海の豊かさを守ろう」、目標 15「陸
の豊かさも守ろう」という目標があります。この 2 つを「Viscuit」を活用して映像として表
現できないかと考え、生徒たちは様々なアイデアや表現を生かして映像を制作しました。ICT
を活用することで、こうしたコラボレーションやアウトプットは以前よりぐっと実現しやすく
なってきています。また、クラウドサービス等の活用が進み、オンラインでのやりとりが日
常的になったことで、学校外の様々な人たちとプロジェクトに取り組める可能性は今後広がっ
ていくでしょう。

　自分たちに身近な課題にプログラミングを応用した実践例もあります。齋藤（2020）は、高
等部の生徒 7 名を対象に、micro:bit のプログラミングを活用し、①身近な問題解決（学校の
周囲のゴミのポイ捨て）のためのアイデアを出し意見を交流すること、② micro:bit について
学習したことを問題解決に生かそうとすることを学習の目標としました。学校の周囲にゴミの
ポイ捨てが頻繁に見られることに気づいた生徒たちは、それをゼロにするために micro:bit で
何ができるかを考えました。そして、micro:bit で文字が表示される看板を設置し、ゴミを捨
てるとゴミ箱の蓋に付けた micro:bit から音が鳴るようにプログラミングを工夫し、実際に設
置をしてみました。しばらくすると、ゴミが確実に減っていることが分かりました。これは、
自分たちがプログラミングしアクションを起こしたことで、周囲の人々の行動を変化させた
と実感することができた事例です。

　SDGs については、どうすれば子どもたちが身近に感じることができるか、どう工夫した
ら持続可能な社会へのイメージを持つことができるかという点が大切になります。視覚支援等
により、SDGs を子どもたちなりに理解することができれば、そこからアイデアを考え、工夫

してアウトプットをすることは可能です。そこでは教師も子どもたちとともに学ぶ姿勢が大事になります。これからの社会や未来を担う当事者としての意識を持ちながら、チームとしてできることにチャレンジしていきましょう。教師は伴走者として、子どもたちの実態や興味関心に合ったファシリテートをしながら、どんなアクションを起こしていくかについてアンテナを張り巡らせ、情報を集め、テーマや活動を設定する工夫が欠かせません。そうした授業の中でICTを活用することで、子どもたちならではのアイデアや表現を生かしていくことが可能になります。教師が指示した通りの活動に正確に取り組むスタイルの授業とは、かなりデザインの異なる授業になることがご理解いただけるかと思います。テーマや問いを常に意識しながら、子どもたちのよさや強みをうまく生かしていく授業のデザインが大切になっていきます。

5. 自分のよさや強みを社会に生かす学び

『まんがで知る未来への学び3 新たな挑戦』（前田, 2020）の中に、岩個真代という中学2年生が登場します。彼女は特性が強く、中1の半ば頃から教師や級友との接触を避けるようになり、ほとんど家の中で過ごしている人物として描かれています。ある時彼女は父親のテレワークに伴い、少子高齢化の中で活性化を模索する故郷の町を訪れ、町立の中学校に転入することになります。そこで「まちづくりのプロジェクト学習」に参加し、まちづくりのコマーシャルを制作する際にBGMをどうすればいいか困っていたチームに加わります。すると、彼女はその場で得意なタブレット端末を活用してあっという間にオリジナルの曲を制作してしまいます。彼女の才能に周囲は驚き、プロジェクトに参加してくれたことにみんなが感謝をする。そんなストーリーが展開します。

ここで大切なのは、特性が強く、一見変わった人物を尊重する価値観を持った社会です。ICTはそうした子どもたちの可能性を発揮するツールになる可能性を秘めています。ICTを活用することで、音楽制作、映像編集、絵画の制作、プログラミングなど、様々なアプローチで子どもたちのアウトプットが引き出される選択肢が広がります。それぞれのよさや強みを尊重し、生かしていきながら、「ウェルビーイング」を実現する社会に向けて、学びの中でチャレンジをしたりアクションを起こしたりしていく。そんなプロジェクトが多くの学校で生まれると、自分たちが当事者として新しい未来を創っていく意識が育っていくでしょう。未来はどこかから勝手にやってくるものではなく、自分たちで工夫しながら創っていくものであるはずです。そのためのツールとして活用するとICTは真価を発揮します。情報活用能力を生かした授業デザインは、そうした未来を創っていくために大切なものとなるのです。

参考文献

中央教育審議会（2021）「令和の日本型学校教育」の構築を目指して～全ての子供たちの可能性を引き出す、個別最適な学びと、協働的な学びの実現～（答申）. 中教審第 228 号.

海老沢穣（2020）タブレット端末を活用したプロジェクト型学習―SDGs（持続可能な開発目標）をテーマとして―. 中川一史・小林祐紀・兼宗進・佐藤幸江（編著・監修）,「カリキュラム・マネジメントで実現する学びの未来 STE(A)M 教育を始める前に〔カリキュラム・マネジメント実践10〕」. 翔泳社 ,154-170.

国立教育政策研究所（2019）OECD 生徒の学習到達度調査（PISA2018）2018 年調査補足資料（生徒の学校・学校外における ICT 利用）.

国際連合広報センター「2030 アジェンダ」.

前田康裕（2020）まんがで知る未来への学び3　新たな挑戦. さくら社.

文部科学省（2016）日本の子供たちの自己肯定感が低い現状について（文部科学省提出資料）. 第 38 回教育再生実行会議（平成 28 年 10 月 28 日）の参考資料 2.

文部科学省（2020）GIGA スクール構想の実現について.

文部科学省（2020）教育の情報化に関する手引 - 追補版 -（令和 2 年 6 月）.

内閣府（2016）Society5.0 とは.

日本財団（2019）「18 歳意識調査」第 20 回テーマ：「国や社会に対する意識」（9 カ国調査）.

齋藤大地（2020）ポイ捨てゼロ大作戦. 金森克浩（監修）・水内豊和（編著）・海老沢穣・齋藤大地・山崎智仁（著）「新時代を生きる力を育む 知的・発達障害のある子のプログラミング教育実践」. ジアース教育新社 ,151-155.

シュライヒャー（2019）OECD 教育・スキル局長基調講演資料（Keynote of speech of Schleicher, Director for Education and Skill, OECD）, G20 サミット教育関連イベント「21 世紀の教育政策～ Society5.0　時代における人材育成～」.

総務省（2019）令和元年版情報通信白書.

知的障害教育でプログラミング教育をはじめるには

熊本大学教育学部附属特別支援学校　後藤匡敬

1. 知的障害のある子どもにとって、プログラミング教育は難しい?

　「『プログラミング教育』と聞いて、今パッと思いついたイメージは?」と聞かれた時、皆さんだったら、どんなものをイメージするでしょうか。

　ロボット?コンピュータ? ICT ?アルファベットの羅列?何やら難しいものを思い浮かべる人も多いかもしれません。下図は、筆者の勤務校で 2020 年 4 月に冒頭と同じ質問をした際の回答を AI テキストマイニングという手法で集めたものです。大きい文字ほど、多くの人の回答に使われた表現です。バラエティ豊かな単語が並びます。

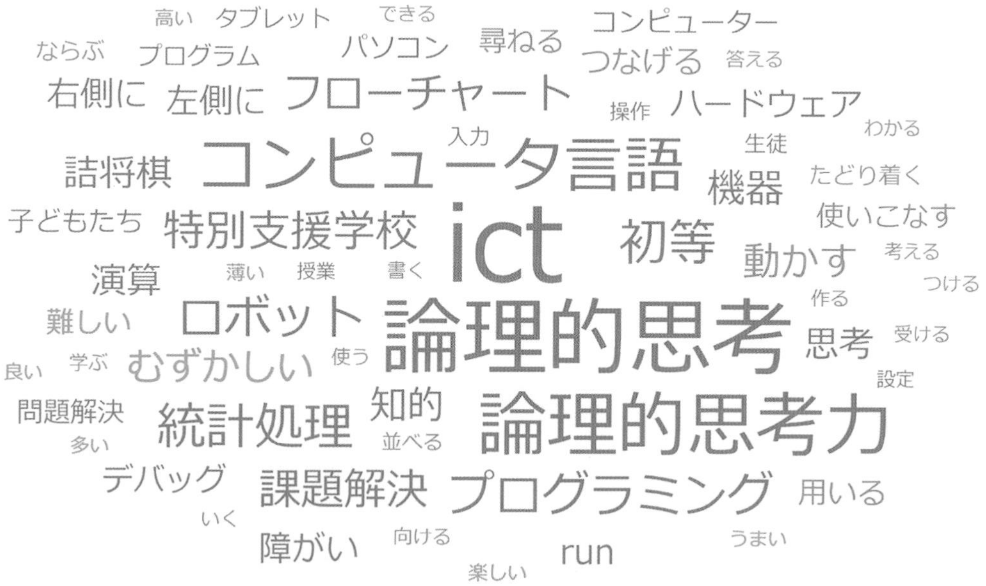

高い　タブレット　できる　コンピューター
ならぶ　プログラム　パソコン　尋ねる　つなげる　答える
右側に　左側に　フローチャート　操作　ハードウェア　わかる
詰将棋　コンピュータ言語　入力　機器　生徒　たどり着く
子どもたち　特別支援学校　ict　初等　動かす　使いこなす　考える
演算　薄い　授業　書く　論理的思考　思考　作る　つける
難しい　ロボット　むずかしい　受ける
良い　学ぶ　使う　設定
問題解決　統計処理　知的　論理的思考力
多い　並べる
デバッグ　課題解決　プログラミング　用いる
いく
障がい　向ける　run　うまい
楽しい

「『プログラミング教育』と聞いて、今パッと思いついたイメージは?」という
質問に対しての回答（文字列）を AI テキストマイニングで図示したもの

（使用システム：UserLocal AI テキストマイニング／実施時期：2020 年 4 月）https://textmining.userlocal.jp/

　この時点で「論理的思考」という言葉を書く人が多くいました。いろいろな方に話を尋ねると、「論理的に物事を順序立てて考えるのが知的障害のある児童生徒には難しそうで、プログラミング教育はハードルが高そう」というイメージがあることが見えました。

　知的障害のある子どもにとって、プログラミング教育は難しいものなのでしょうか。

2. プログラミングに夢中に取り組む子どもたち

　ここで、勤務校の小学部の事例を紹介します（詳細は第2章P165：小田教諭の事例を参照）。「キュベット」という、木製のロボットを使った2020年度のプログラミング教育の授業の様子を見ていた時のこと。普段は、予定時間を過ぎると大きな声が出たり、大泣きしたりする一人の児童がいました。「キュベットを目的地に案内する」という学習で、キュベットの進む順番を考えて命令を入力してはうまくいかず…を繰り返していましたが、他の児童の考えを示したボードを見て自分の考えに生かしている姿があり、熱中して取り組んでいるのが伝わってきました。不思議だったのが、授業の終了時間を過ぎてしまっても、気にすることはなく落ちついて過ごせていたことでした。授業後、その児童について授業者の先生に聞いてみると、「プログラミングの時は、大丈夫なんだよ」とのこと。なぜだろう、ふと、疑問に思いました。

　改めて授業を振り返ると、児童が「自分は何をすべきか」分かって参加できていたことや、手作りの教材が一人一つ用意されており自分で操作し考える活動がしっかり確保されていたこと、本来は目に見えない「考え」が可視化され、他の生徒と共有しやすい場の配置であったこと等、授業作りが丁寧でした。また、キュベット自体に興味津々なこと等のプラスの要素が絡み合って、その児童の意欲的な姿に表れているようでした。週1回の授業を児童たちはとても楽しみにしているとのことでした。

3.「分かりづらい」を「分かりやすく」表現できるプログラミングツール

　もう1つ、中学部の事例を紹介します。

　図1は、勤務校周辺の写真です。白川という一級河川が流れています。

図1　堤防の工事が行われていた白川沿いの写真
（Google マップより）

図2　Viscuit 教材「洪水から家を守れ！」
https://musashi.educ.kumamoto-u.ac.jp/v001/

十年近く前に一度氾濫し、学校周辺も浸水被害に遭ったことがありました。その堤防の工事が最近完成したのですが、子どもたちにとって、なぜ堤防の工事が行われていたのか、その意味や必要性を考えてほしいと、生活単元学習（社会＋理科）の中で学習を組み立てました。その学習の一つで、プログラミングアプリの「Viscuit」を使いました。

図3　たらいに砂を詰めて模擬的に作成した河川と陸地の教材

Viscuit を使う前時、四角のたらいに砂を詰めて模擬的な河川と陸地を作りました。上流のペットボトルから流れる水に、下流の陸地にある家が流されないよう、堤防に見立てた木の板を川沿いの砂に挿し込みました。その後、Viscuit で上流から下流へ真っすぐ河川が流れるシミュレーションができる教材を作りました。この Viscuit 教材を iPad に表示させ画面をタップすると、灰色の堤防が建ち、水流の進行方向を変えることができます。「洪水から家を守れ！」というミッションの下、家のある陸地まで川の水が溢れないように生徒は一生懸命画面をタップして堤防を作ります。生徒各自で取り組んだ後、「だれか、代表して家を守ってくれる人？」と尋ねると、多くの生徒の手が挙がりました。教室のスク

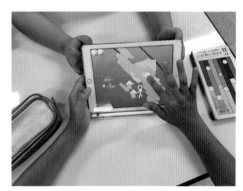

図4　iPad で Viscuit 教材「洪水から家を守れ!」を生徒が操作している場面（家や人まで河川の水が流れ込まないように、画面をタップして灰色の堤防を作っている）

リーンに代表となった生徒の iPad の画面を映し、ミッションスタート。みんなの前ですごいスピードで画面をタップする代表の生徒と、その様子を「がんばれ～！」と拍手をしながら応援する生徒。「洪水から家を守る」ミッション、見事クリアしました。（図5の QR コードを読み取ると、「洪水から家を守れ！」の教材紹介ページを表示できます。）

図5　Teach U Viscuit 教材

　実際の洪水については、メカニズムなど、非常に複雑であり、大人でも難解です。自然事象に限らず、社会の物事には、非常に複雑なものも多いのではないでしょうか。プログラミングツールは、そういった難解なことを単純化（モデル化）し得る可能性がある、と考えています。つまり、難しいことをシンプルに表現できるプログラミング教育は、「分かりづらいことを分かりやすく説明できる」点が、知的障害のある子どもたちにとっては非常に有益ではないか、ということです。

4. まずは真似から…教師自身も学習者としてプログラミング的思考を働かせる経験を

　プログラミングツール自体の魅力には、「ツールそのものが楽しい」点と、「分かりづらいことを分かりやすく表現できる」点があると考えます。ただ、「プログラミングって何？」という方にとっては、新しいことを覚えるという意味で、「何をすればいいのか分からない」感覚があるのも事実です。

　そういう場合は、まず真似から入ってみてはどうでしょうか。本書には、たくさんの事例が紹介されています。先生方の学校には、プログラミングツールがないかもしれませんし、詳しい先生もいないかもしれません。ですが、GIGA スクール構想による一人一台端末により、タブレット型 PC は導入されるはずです。タブレットさえあれば実践できる事例もあります。それぞれの学校にある資源を生かし、本書の事例との共通項を見つけ、真似できるところを探すところから始めてみることをお勧めします。

　2020 年度の熊本大学教育学部附属特別支援学校の研究発表会でご講演いただいた、熊本大学大学院教育学研究科准教授の前田康裕先生（現・熊本市教育センター主任指導主事）は「教師も学習者としての経験が必要だ」と語られました。経験がない場合は、やってみないと分かりません。教師も学習者になって真似する中で、失敗しながら学んでいく。ICT 活用の手順を分解しながら、「あーでもない、こーでもない」と試行錯誤を継続し、改善していく。その行為自体が、プログラミング的思考を働かせていると呼べるのではないでしょうか。先生方が学習者としてプログラミングツールを使い、どういったものか分かったうえで、「このツールはこの授業のこの場面で使うと効果的」と考えて、必要に応じて使うようになるのがベストと思っています。新しいものにチャレンジする姿勢を、子どもたちに背中で示していただきたいと思います。

5. プログラミング的思考の場面をできることから

　写真は、家庭科の調理の学習の一場面です。ホワイトボードに調理工程を示す絵カードを貼って、お好み焼きを作る手順を生徒同士で考え合っています。「道具の準備」「洗う」「切る」「焼く」「盛り付ける」「片付ける」の絵カードを、お好み焼きの調理ができるように上から順に並べ替え、できあがった手順の通りに調理を進めます。[どの手順だとお好み焼きが焼けるか]、ICT 機器を使わない、アナログな学習活動ですが、可視化された思考（絵カード）を手で動かし、具体物で試行錯誤できた学習でした。学習や生活の流れの中で、自然とプログラミング的思考をしている感覚が大事です。特別支援教育の先生は、生活に即した授業作りをすることが多いので、

知的障害のある児童生徒の理解を促すような、自然な流れの学習を組み立てることに長けているように思います。

6．教師が楽しむ研修で活用が進む

プログラミング教育の推進がなかなかうまくいかずにお悩みの先生に、ヒントになるような事例を一つ、最後にご紹介します。

2020年春、新型コロナウイルスの感染拡大防止により、約2カ月、臨時休校の期間がありました。会いたくても会えない児童生徒たち。何もできないのか、教育現場のもどかしさが渦巻いていた時期です。

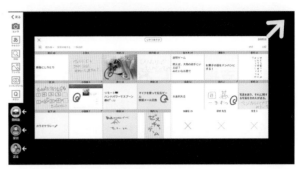

図6　研修「ロイロであそぼ」で、ロイロノート・スクールを使ってできそうなことを出し合う

その期間、以前から本校で試用していた授業支援クラウドツール「ロイロノート・スクール」の活用が一気に広がりました。コロナ禍前までは、一部職員のみの活用だったこのツールの活用がなぜ進んだのか。それは、教師で「あそび」をしたことがきっかけでした。それまでは活用イメージがなかなかつかめていなかった「ロイロノート・スクール」でしたが、「ロイロであそぼ」という遊びを目的にした研修を実施したことで、「これで何ができるか」教師がわくわくしながら試行錯誤ができたわけです。教員自身が楽しみながら活動に取り組むと、進めるうちにイメージが膨らみ、自然と活用が広がりました。プログラミング教育の波及も、これと似た要素があるように思います。

一人では楽しさも一人分です。できるだけ多くの仲間を巻き込みながら、みんなで楽しみながら取り組んでいきたいです。＜新時代を生きる力＞は、子どもだけに育成するものではないと思っています。大人も、子どもと一緒になって、＜新時代を生きる力＞を高めていければ、これ以上のことはないと考えます。

富山大学人間発達科学部附属特別支援学校　山崎智仁

1. 特別支援教育におけるプログラミング的思考とは

　「プログラミング的思考とは何ですか？」「論理的思考との違いとは何ですか？」といった質問を受けることがあります。質問してくださった方は「プログラミング」という言葉に難解なイメージをもったり、「論理的思考」と「プログラミング的思考」の違いが分からず、戸惑いを感じたりしているのではないかと思います。このような疑問をもたれている方は多いのではないでしょうか。本項では、「プログラミング的思考」について私の解釈を加えて説明したいと思います。

　プログラミング的思考とは、「自分が意図する一連の活動を実現するために、どのような動きの組み合わせが必要であり、一つ一つの動きに対応した記号を、どのように組み合わせたらいいのか、記号の組み合わせをどのように改善していけば、より意図した活動に近づくのか、といったことを論理的に考えていく力」と「特別支援学校教育要領・学習指導要領解説　総則編」（文部科学省，2018）にて説明されています。これを言い換えると、プログラミング的思考とは、「目的に向かい、一連の活動や動作を予測し、予測した通りに活動するように記号（命令）の組み合わせを論理的に考えていく力」だと言えるでしょう。一方、知的・発達障害のある子どもには障害特性からくる衝動性や転導性の強さ、ワーキングメモリの弱さ、日常生活の中で経験し、獲得していく概念やスキルの少なさなど、プログラミング的思考を行うにあたり様々な難しさが考えられます。そこで、私は特別支援教育の観点と知的障害の特性から特別支援教育におけるプログラミング的思考の一連の活動を以下のように考えました。それは①十分な体験や操作活動、②目的の理解、③一連の動作や活動の予測、④命令への置き換え、

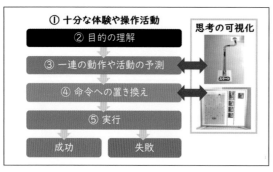

図1　特別支援教育におけるプログラミング的思考

図2　プログラミング的思考のポイント

①十分な体験や操作活動：
　プログラミング教育を下支えする力の獲得
②目的の理解：キーとなる「問い」
③一連の動作や活動の予測：
　十分に予測を行うための手だて（思考の可視化）
④命令への置き換え：
　命令に置き換えるための手だて（思考の可視化）
⑤実行：学びの振り返りと共有

⑤実行、の５つの活動です（図１）。これは言い換えると「プログラミング教育実践の活動の流れ」とも言えるでしょう。

　次に、これらについて私が考えるプログラミング的思考のポイント（図２）について解釈を加えながら、詳しく説明します。

　「①十分な体験や操作活動」とは、正しくはプログラミング的思考とは異なりますが、とても大切なことのため、あえてプログラミング的思考に加えました。これはプログラミング的思考を行うために必要な力を子どもが事前に獲得しておくということです。一見当たり前のように思いがちですが、私たちが思っている以上に子どもたちは概念や生活スキル、ICT機器の操作スキルなどがうまく獲得できていないことが多いのです。それは認知の難しさや絶対的な経験の不足などからくるものだと思われます。そのため、事前に十分な体験や操作活動を行う時間を設け、概念や生活スキル、ICT機器の操作スキルなどを獲得しておくことが大切なのです。例えばロボットに命令を行い、ゴールまで動かすプログラミング活動を行う際には、「前」や「右」といった方向を示す言葉の意味は分からなくても、ゴールの方向が分かるといった方向の概念が必要になるでしょう。そのため、事前に算数科等で方向について学習を行い、方向の概念の獲得をしておくことが大切になるのです。また、すぐにプログラミング活動を行うのではなく、ロボットをいじくりその仕組みや命令について理解を図っておくこともスムーズにプログラミング活動に取り組むためには必要でしょう。子どもが十分な体験や操作活動を通し、プログラミング的思考を支える概念や生活スキル、ICT機器の操作スキルなどを獲得することからプログラミング的思考が始まっているのです。

　「②目的の理解」は、子どもがプログラミング活動の目的を十分に理解するということです。プログラミング的思考の説明に「自分が意図する一連の活動を実現するために」といった言葉が書かれているように、プログラミング的思考には明確な目的が存在します。そのため、教師は「どんな命令をすれば、ロボットがゴールに着くだろう？」といったキーとなる「問い」を子どもたちに行うことで、必然的に目的を理解できるようにすることが大切です。

　「③一連の動作や活動の予測」は、子どもが目的を達成するためにどのような動作を、どのような順序で行えばよいかを予測することです。この予測が誤っていると、この後にいくら予測通りに正しく命令を組み合わせても目的を達成することは叶いません。そのため、教師はプログラミング活動の中に、子どもが十分に予測できる時間を設けることが必要です。一方で、知的障害のある子どもは記憶を保持・整理したり、思考を表出したりすることに困難があるため、いくら正しく予測を行っても、命令の組み合わせを考えている間に予測していたことを忘れてしまうことがあります。また、発達障害のある子どもは衝動性や転導性が強い傾向があり、事前に予測を行ってもプログラミングツール自体が刺激となってしまい、活動が中断してしまうことがあります。そのため、一連の動作や活動の予測を可視化できる支援ツールを用意し、子どもが思考を整理し、確認できるようにすることが大切です。

　「④命令への置き換え」は、③で行った一連の動作や活動の予測を命令の組み合わせに置き

換えることです。事前に行った予測通りに活動を行うために、どの命令を使い、どの命令と組み合わせれば良いかを子どもたちは考えます。そのため、教師は子どもが可視化した予測を手掛かりにして、命令の組み合わせを十分に考えられる時間を設けることが必要です。一方で、先述したように知的障害や発達障害のある子どもは、予想に応じて命令に置き換える際、予測に適した命令が分からなくなったり、適した命令が分かっても命令の順序を反対にしたりしてしまうことがあります。そのため、命令の組み合わせを可視化できる支援ツールを用意し、子どもが命令の組み合わせ方について整理したり、予測通りになっているかを確認したりできるようにすることが大切です。

　「⑤実行」は、組み合わせた命令を実行することです。実行場面では、子どもたちはついロボットがゴールできるかどうかといった結果ばかりに注目しがちです。しかし、ここで大切になるのは対象が自分の予測通りに活動しているかどうかになります。そのため、教師は対象が自分の予測した通りに活動しているかどうかにも注目するように声を掛けることが大切になります。そして、実行が成功し、目的が達成できたときには学びの振り返りと共有を行う発表場面を設けると良いです。そうすることで、どのように予測したら目的を達成できたかを発表して振り返ったり、友達の発表から新しい命令の組み合わせ方を学んだりすることができ、更に学びが深まります。一方、実行が失敗し、目的が達成できなかった場合は、「③一連の動作や活動の予測」まで活動を戻ってやり直すことが大切です。子どもたちはつい④の命令の組み合わせに戻り、修正を図ろうとする傾向がありますが、肝心の予測が正しくないといくら修正しても活動の目的は達成されません。そのため、教師は一度、子どもに本当に予測が合っているかを確認するよう促すと良いと思います。実行に失敗した際、手当たり次第に命令を組み変え、偶然成功する子どもの姿を見ることが稀にありますが、予測がない偶然性に頼った活動では子どものプログラミング的思考は育たないのです。

2．論理的思考とプログラミング的思考

　先述したプログラミング的思考の説明に「論理的に考えていく力」とあるように、プログラミング的思考とは、演繹的思考や帰納的思考といった論理的思考に含まれる一つの思考法だと私は考えています。そして、プログラミング的思考には三つの特徴があります。

　一つ目は、明確な目的があることです。そう聞くと、「明確な目的がない活動なんてあるのか」といった疑問が浮かぶと思いますが、例えば抽象画を描く活動ではどうでしょうか。抽象画を描く際、思い描くイメージはあるとは思いますが、初めから最後の構図や色合いまでしっかりと決めて描くことはないと思います。抽象画を描いているうちに様々なイメージが思い浮かび、それを描き加えていくことで抽象画が完成していくことが多いのではないでしょうか。抽象画を描く際、確かに作者は思い浮かんだイメージに合わせて論理的思考を行って描いているとは思いますが、明確な目的があるプログラミング的思考とは異なるものになるのです。これは、二つ目の特徴につながるのですが、プログラミング的思考には、同じ手順で活動を行

うことで誰が行っても同じ結果となるといった再現性があるのです。三つ目に、プログラミング的思考とはプログラミングの要素である順次処理（シーケンス）、繰り返し処理（ループ）、条件分岐（イフ）といった考え方を生かした思考法であることです。これらの考え方について、自動販売機で飲み物を買うときの場面を例とし、思考と行動の流れを説明します。「順次処理」とは、「ほしい飲み物を買う」という明確な目的に向かい、ほしい飲み物を選び、お金を入れ、ほしい飲み物のボタンを押して、取り口から飲み物を取るといった一連の活動を順番に行っていくことです（図3）。

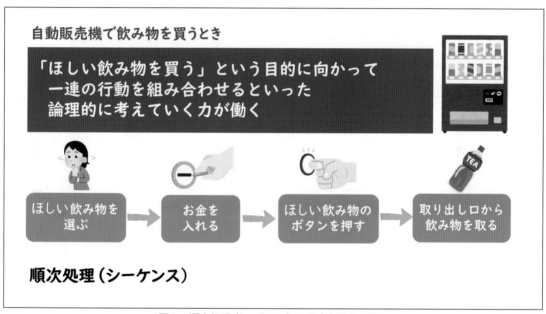

図3　順次処理（シーケンス）の思考と行動の流れ

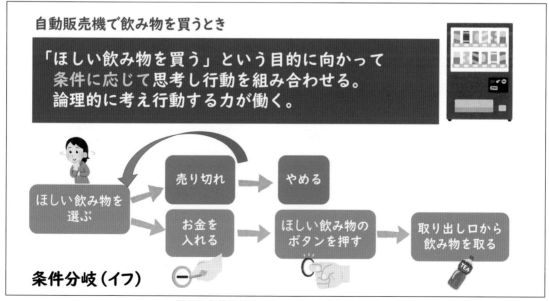

図4　条件分岐（イフ）の思考と行動の流れ

それでは、ほしい飲み物を選んだものの、その飲み物が売り切れだった場合はどうでしょうか。他に飲みたい飲み物を選び直し、購入するかもしれないし、もしかすると飲み物を買うのをやめることも考えられます。このように、条件に応じて思考や行動が分岐していくことを「条件分岐」と言います（図4）。

　ほしい飲み物を何本も購入したいときには、きっと同じ行動を繰り返すことになるでしょう。このように同じ一連の行動を繰り返し行うことを「繰り返し処理」と言います（図5）。

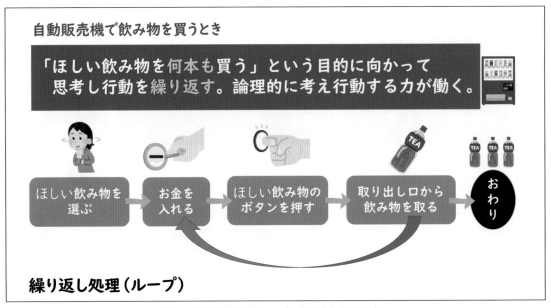

図5　繰り返し処理（ループ）の思考と行動の流れ

　以上の三つの特徴があるのが、私が考える「プログラミング的思考」です。よく「プログラミング」という言葉から難解なイメージをもったり、コンピュータを使わないといけないと考えたりする方がいますが、上記の例にあるように私達の生活のいたる場面において、プログラミング的思考が働く状況があり、私達は無意識にそれを行っているのです。

3.　今までの学習と何が違うのか

　知的・発達障害のある子どもは、物事を順序立てて考えたり、状況から物事を推察したりするといった論理的思考に苦手さがあります。それを補うため、プログラミング教育が始まる以前から、特別支援教育では子どもたちの論理的思考を育むための指導が行われてきました。そのため、プログラミング教育について説明を行うと多くの先生から「今までの学習と同じ」「論理的思考を育めば良い」といった旨の言葉が聞かれます。しかし、プログラミング教育とは、プログラミング的思考を育むことだけが目的なのではありません。それは、プログラミング教育には「プログラムの働きやよさに気付いたり、コンピュータ等を活用して問題を解

決したりしようとする態度の育成」という目標があるからです。この点が以前までの論理的思考を育むための指導と異なる重要な点だと私は考えています。社会の変化が予測困難になった現代から未来に向け、文部科学省（2015）は「2030 年の社会と子供たちの未来」として、「新しい時代を生きる子供たちに、学校教育は何を準備しなければならないのか。」と問いかけています。その問いに対する答えの一つがプログラミング教育を通して、プログラミング的思考を育むだけではなく、プログラムの働きやよさに気付いたり、コンピュータを活用しようとしたりする態度を育成していくことなのではないでしょうか。プログラミング教育というと、ついプログラミング的思考ばかりに注目しがちですが、それと併せてプログラムの働きやよさに子どもたちが気付けるよう配慮していくことが大切です。私達は急速な社会の変化に、ICTを活用して柔軟に対応することができるよう子どもたちを支援していく必要があるのです。

参考文献
文部科学省（2015）2030 年の社会と子供たちの未来.
文部科学省（2018）特別支援学校教育要領・学習指導要領解説　総則編.

アンプラグド・プログラミングからはじめよう
～プログラミング的思考の視点を用いた生活や学習に根ざしたわかる授業づくり～

茨城県立協和特別支援学校　藤田武士

1. プログラミング『で』学ぶ

　本書を読んでいる多くの先生方はもうすでに理解していることだと思いますが、改めてお話しをさせていただきます。平井(2017)は、『プログラミングを小学校で扱うということは、「プログラミングを学ぶ」のではなく、「プログラミングで学ぶ」ということです』と述べています。文部科学省も、小学校でのプログラミング教育は、プログラミング的思考を育むことが目的であり、プログラミング的思考の定義を以下のように示しています。

> 　自分が意図する一連の活動を表現するために、どのような動きの組合せが必要であり、一つ一つの動きに対応した記号を、どのように組み合わせたらいいのか、記号の組合せをどのように改善していけば、より意図した活動に近づくのか、といったことを論理的に考えていく力
>
> 【文部科学省（2016）小学校段階におけるプログラミング教育の在り方について（議論の取りまとめ）】

　小林（2017）も『この定義を読んでもわかるように、子どもたちを決してプログラマーに育て上げることが目的ではありません。』と記しています。さらに、議論の取りまとめの中で、

> 　身近な生活でコンピュータが活用されていることや、問題の解決には必要な手順があることに気付くこと。

と育成すべき資質・能力を述べています。

2. 「ルビィのぼうけん」との出会い

　みなさん、「ルビィのぼうけん」（リンダ・リウカス, 2016）という書籍をご存じですか？フィンランドのプログラマーであるリンダ・リウカスさんが執筆したプログラミングを楽しく学ぶことができる書籍です。私は、とある研修会でこの書籍に出会い、出版社の担当者によるワークショップに参加したり、実際にリンダ・リウカスさんが来日した際には、ご本人が参加するワークショップにも参加させていただいたりしました。書籍を読み、様々なワークショッ

プに参加する中で、アンプラグド・プログラミングは特別支援教育の中にすでに取り入れられていて、もっと意識すれば授業の中で活用していけるツールであると感じました。

　特別支援教育の中ですでに取り入れられている部分でいえば、例えば"着替え"の指導場面で、服を脱ぎ着する手順を表にまとめることがよくあります。児童生徒はその手順表を見ながら、一つ一つ順を追って着替えをすることで、正しい方法を身につけていくことができます。これはプログラミングで言う「順次処理（シーケンス）」の考え方です。このような場面は、学校生活や日常生活の中で数多く見受けられると思います。また、作業学習における作業の手順書には繰り返すという指示もあり、これはプログラミングで言う「繰り返し（ループ）」ですし、さらに報告してOKが出れば次の工程、NGだったらもう一度やり直す…というように、条件によって次の活動が変わるといった手順書もあります。これは「条件分岐（イフ）」にあたります。このように、我々が意識していないだけで、プログラミングの視点がいろいろと含まれていることに気がつくと思います。

　こうしたプログラミングの視点を意識して、プログラミング的思考で教育活動をもう一度見直していくことは、教える側にとっても、教わる側にとっても非常に有効なことだと考えます。こうした視点や思考を取り入れた支援を意識してみんなで実践していくことは、例えば、日常生活においては、活動の手順や方法をお互いが共通の方向性をもって考えることができるのではないかと思います。そして、授業においてもプログラミング的思考を取り入れることで、目的や取り組むべきことが明確化され、児童生徒がわかる、できる授業に変えていくことができないかと考えました。

3．保健体育「器械体操（跳び箱運動）」での実践（中学部2年）

　跳び箱運動の授業で、プログラミング的思考を取り入れた実践をひとつ紹介します。

　なぜプログラミング的思考を跳び箱運動に取り入れて指導しようかと考えたのか…というと、生徒も教師も跳び箱を跳ぶことに視点がいってしまい、どういった動きがあって、どうすれば跳べるようになるのか？どの部分につまずきがあるのか？そこを明確にできていなかったという実態がありました。そこで、跳び箱運動の視点を整理しました。

① どういった動きがあるのか？	→	動きの順序立て
② できている部分とできていない部分の明確化	→	課題の設定
③ 課題を意識してピンポイントで取り組む	→	意識した活動
④ できたかできなかったか	→	評価の明確化

　以上のような視点で授業を組み立てることができるのではないかと考えました。

　実際に授業をする上では、図1のようなイラスト教材を用意し、生徒には開脚跳びの順番

を思い出させ、ワークシートにその順番通りに貼り付けました。そして順番を整理、確認した上で、開脚跳びを実際に跳び、その様子をiPadで撮影し、映像を一緒に見返しながら図2のポイント付きイラストを見て、自分の達成度と課題をワークシートで確認しました（図3）。

　開脚跳びの順序（シーケンス）を理解した上で課題を見いだし、実際の活動でその課題を意識して取り組むことで、目的をもって活動に取り組むことができるようになりました。そして、活動中も定期的にiPadで撮影するので、客観的に自分の動きを振り返ることができ、できたか、できなかったかが忖度なしに理解できます。最後に活動を振り返って評価をする場面でも、課題が明確なので評価もしやすかったです。できなかった部分については、次時の活動前に、前時を振り返ってワークシートを見て課題を確認しました。場合によってはiPadで撮影した前時の動画を視聴することで、ワークシート＋動画で今日の課題を確認することができます。

　活動を通じて、跳び箱運動の開脚跳びを順序立てて細分化し、そこから課題を切り分けることで活動の目標が焦点化されました。そして、生徒は目標を意識して取り組むことができ、開脚跳びを「やった」という感覚ではなく、「できた」という実感を得ることができたのではないかと私も感じました。

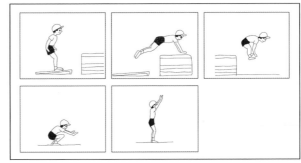

図1　提示したイラスト

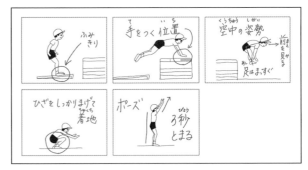

図2　提示したポイント付きイラスト

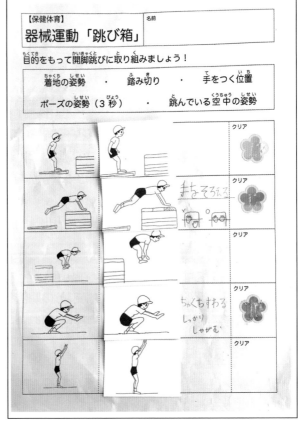

図3　ワークシート

4. スタートとしてのアンプラグド・プログラミングの視点の活用

　今回の話は、児童生徒が直接プログラミング教育に取り組むものではありません。教師側の指導方法のひとつとして、そしてスタートとして、アンプラグド・プログラミングの視点やプログラミング的思考を活用してみてはどうですかという提案です。

　知的障害や発達障害のある児童生徒は、活動の見通しをもつことや全体像を捉えて物事を考えることが苦手な子が多く見受けられます。学習活動や日常生活の中で、私たちが意識してこうした視点を活用し、児童生徒に「この場合はどうかな？」などと問いかけをし、繰り返し取り組んでいくことで、こうした考え方があるよ、思考が整理され、物事を進めやすくなるよ…という「考え方」を体験的に一緒に学んでいくことができるのではないかと思います。

　障害の有無に関わらず、我々も何か行動をするときに優先順位を付けたり、効率性を考え順序立てをしたりしながら行動しています。そうしたことがプログラミング的思考なのかなと私は思っています。今回の保健体育の開脚跳びの実践では、そうしたプログラミング的思考の中のシーケンスに着目してみました。学校でのさまざまな活動の中でこうした考え方を我々が取り入れ、積み重ねていくことは、児童生徒がそうした考え方を身につけ、例えば、算数の計算や作業学習、家庭科の調理実習…など、様々な場面において自分で考え、行動することができることにつながるのではないかと思います。

　こうした日々の取り組みを通じて、結果として「順次（シーケンス）」なんだね、「繰り返し（ループ）」なんだね、「条件分岐（イフ）」なんだね…と、児童生徒の体験を通じて基礎となる部分を身につけ、タンジブル、ビジュアル、フィジカル、テキスト…と段階を踏んで、プログラミング的思考を更に深めていければいいのかなと考えます。

　ぜひ、プログラミング教育のはじめの一歩として、アンプラグド・プログラミングを…まずは私たちが意識して取り入れて、授業づくりや学級運営をしてみてはいかがでしょうか？

参考文献

平井聡一郎(2017)新たな取り組みを始めるために〜先人の経験に学ぶ〜事例3　教育委員会　茨城県・古河市. 利根川裕太・佐藤智（編）先生のための小学校プログラミング教育がよくわかる本. 翔泳社. 104-109.

小林祐紀(2017)2020年学習指導要領改訂と小学校教育. 小林祐紀・兼宗進（編）コンピュータを使わない小学校プログラミング教育"ルビィのぼうけん"で育む論理的思考. 翔泳社, 4-7.

リンダ・リウカス（2016）ルビィのぼうけん　こんにちは！プログラミング. 翔泳社.

文部科学省（2016）小学校段階におけるプログラミング教育の在り方について（議論の取りまとめ）.

卒業後を見通したプログラミング教育

北海道美深高等養護学校　加藤章芳

1. はじめに

　2020年は小学校で新学習指導要領が施行され、本格的にプログラミング教育が必修化されました。「プログラミング教育」という言葉が使われ始めた時、私の所属する学校ではよく「特別支援教育では求められていないことではないか」といった声や「パソコンが得意な先生がやるものではないか」「情報の教科別の指導の中で行われるものではないか」といった声、さらには「そもそも端末がないとできないのではないか」などといった声がよく聞こえてきました。

　しかし、プログラミング教育はプログラミングをすることがねらいではなく、プログラミングのよさに着目し、日々の学習活動の中で各教科等の目標を達成することがねらいであり、プログラミングの機会を探せば、意外に多くの機会を見つけることができると考えています。

　本項では、職業学科を設置する特別支援学校（高等部）での実践から、卒業後を見通したプログラミング教育について、考察してみます。

2. 育成を目指す資質・能力としての「情報活用能力」とプログラミング教育

　「特別支援学校教育要領・学習指導要領解説　総則編」では、情報活用能力について、

> 　「情報及び情報技術を適切かつ効果的に活用して、問題を発見・解決したり自分の考えを形成したりするために必要な資質・能力」とし、「具体的には、学習活動において必要に応じてコンピュータ等の情報手段を適切に用いて情報を得たり、情報を整理・比較したり、得られた情報を分かりやすく発信・伝達したり、必要に応じて保存・共有したりといったことができる力」

と定義しています。

さらに、プログラミング教育のねらいとして学習指導要領では、

> 「プログラミング言語を覚えたり、プログラミングの技能を習得したりといったことではなく、論理的思考力を育むとともに、プログラムの働きやよさ、情報社会がコンピュータをはじめとする情報技術によって支えられていることなどに気付き、身近な問題の解決に主体的に取り組む態度やコンピュータ等を上手に活用してよりよい社会を築いていこうとする態度などを育むこと、さらに、教科等で学ぶ知識及び技能等をより確実に身に付けさせること」

と記載されています。

以上のことからプログラミング教育が目指すものは

① 論理的思考力（≒プログラミング的思考）を育むこと

② プログラムの働きやよさ、情報社会がコンピュータをはじめとする情報技術によって支えられていることなどに気付き、身近な問題の解決に主体的に取り組む態度やコンピュータ等を上手に活用してよりよい社会を築いていこうとする態度を育むこと

③ 教科等で学ぶ知識及び技能等をより確実に身に付けさせること

の３点を挙げていることになります。

そして「論理的思考力（≒プログラミング的思考）」とは、「自分が意図する一連の活動を実現するために、どのような動きの組み合わせが必要であり、一つ一つの動きに対応した記号を、どのように組み合わせたらいいのか、記号の組み合わせをどのように改善していけば、より意図した活動に近づくのか、といったことを論理的に考えていく力」と定義されています。

この点を踏まえると、特別支援学校においても「情報活用能力」と論理的思考力（≒プログラミング的思考）の育成は、自らの生活経験の中で獲得していく情報と、それをどう組み合わせて自分の意思を形成し、相手に伝えていくのかという、卒業後の児童生徒の適切な人間関係の形成やコミュニケーション力の向上を促すものとして、これからのSociety5.0を生きる力として必要な力であると考えます。

3．自立活動の視点から考えるプログラミング教育

私の勤務校では、１－３学年の全てで、期間は違いますが、職場での体験実習が進路行事として設定されています。実習終了後には、事後学習において活動の振り返りを行いますが、生徒たちの多くが課題として挙げることが、職場の方とのコミュニケーションのとり方です。

近年、社会構造の変化から第３次産業、中でもサービス業として調理・接客業への就労を希望する生徒が増える傾向にあります。社会の中で生きていく上で、自分の気持ちや要求を相手に適切に伝えることや相手の意図を理解してコミュニケーションをとっていくことは必要な力であることが考えられますが、知的障害のある生徒にとっては「自分の興味・関心の

狭さから、相手との共通の話題が見つけにくいこと」があります。

　こうした現代社会において適応的な生活を営む上で必要となる力を育むことも見すえて、特別支援教育の中では自立活動の指導が設定されており、その中でコミュニケーションの指導が位置づけられていますが、教師や友達との関わり方で悩む生徒も多く在籍しています。

　自立活動とプログラミング教育の指導については富山大学人間発達科学部附属特別支援学校で行われた研究から「授業の回数を重ねることによって友達に意見を伝え、友達に受け入れられる達成率が上がっていること」が研究結果として報告されています（山崎・水内, 2018）。

　プログラミング教育のねらいとして「教科等で学ぶ知識及び技能等をより確実に身に付けさせること」が挙げられていることを考えると、1時間の授業の中で課題の到達点を教師が明示し、課題解決のための必要なツールの使用方法を伝えることで、生徒が自ら考えて到達目標へたどりつこうとする姿が見られるようになります。また、生徒たちが自らの課題解決に必要な情報を教師や友達から得ようと質問や相談を行う回数が自然と増えてくる様子が見られます。その様子から、プログラミング教育の実践を継続して行うことは、コミュニケーションの力を伸ばすことにもつながります。

　知的障害の生徒を対象とした「主体的・対話的で深い学び」に向けた質の高い学びを実現していくことは、プログラミング教育がその思いや考えを基に創造することにつながっていくと考えています。

4．プログラミング教育に取り組むために必要な ICF の考え方

　自立活動がプログラミング教育の実践に有効であると考えるのならば、日常の環境を整える必要があります。

　文部科学省は知的障害について以下のように定義しています[※]。

　知的障害とは、知的機能の発達に明らかな遅れと、適応行動の困難性を伴う状態が、発達期に起こるものをいいます。

　ここで示されてる適応行動の困難性とは、他人との意思の交換、日常生活や社会生活、安全、仕事、余暇利用などについて、その年齢段階に標準的に要求されるまでには至っていないことを表しています。

　なお、知的障害の状態は不変ということではなく、教育的対応を含む環境条件を整備することなどによって変わる場合があります。

[※] https://www.mext.go.jp/a_menu/shotou/tokubetu/mext_00803.html （文部科学省 HP：知的障害とは）

プログラミング教育が「教科等で学ぶ知識及び技能等をより確実に身に付けさせること」をねらいとし、自立活動が「各教科等において育まれる資質・能力を支える役割」を担っているとすると考えれば、プログラミング教育に取り組むためには、ICF の考え方に基づいた指導が必要になると考えます。

　ICF とは、WHO（世界保健機関）が採択したもので「人間の生活機能が「心身機能・身体構造」、「活動」、「参加」の三つの要素で構成されており、それらの生活機能に支障がある状態を「障害」と捉える。そして、生活機能と障害の状態は、健康状態や環境因子等と相互に影響しあうもの」と説明されています。

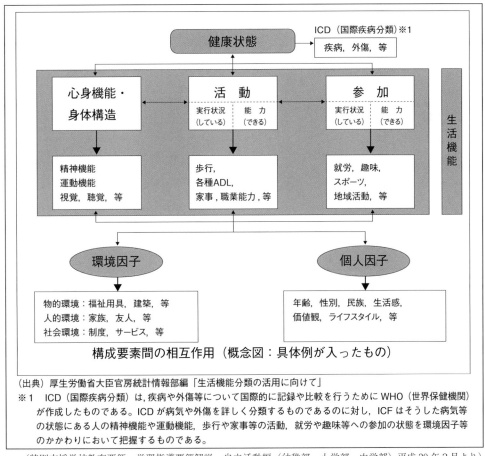

構成要素間の相互作用（概念図：具体例が入ったもの）

（出典）厚生労働省大臣官房統計情報部編「生活機能分類の活用に向けて」

※1　ICD（国際疾病分類）は、疾病や外傷等について国際的に記録や比較を行うために WHO（世界保健機関）が作成したものである。ICD が病気や外傷を詳しく分類するものであるのに対し、ICF はそうした病気等の状態にある人の精神機能や運動機能、歩行や家事等の活動、就労や趣味等への参加の状態を環境因子等のかかわりにおいて把握するものである。

（特別支援学校教育要領・学習指導要領解説　自立活動編（幼稚部・小学部・中学部）平成 30 年 3 月より）

　学習指導要領解説　自立活動編（平成 30 年 3 月）では、自立活動の指導への留意点として「環境因子等を適切に考慮する点にあるが、成長期にある幼児児童生徒の実態は様々に変化するので、それらを見極めながら環境を構成したり、整えたりする必要がある」こと、「幼児児童生徒が障害による学習上または生活上の困難を改善・克服するために必要な知識技能等を身に付けることが指導目標となる」ことが記載されています。

　本校におけるプログラミング教育の成果として考えられることは自立活動における「コミュ

ニケーション」の指導、特に「状況に応じたコミュニケーション」の指導に効果が大きいと考えています。状況に応じたコミュニケーション指導を円滑に行うためには、「伝えようとする側と受け取る側との人間関係や、その時の状況を的確に把握することが重要」とされています。

　配慮事項としては、特に自閉スペクトラム症のある生徒に対して「会話の内容や周囲の状況を読み取ること」や「状況にそぐわない受け答えをすることがある」ため、「実際の生活場面で、状況に応じたコミュニケーションを学ぶことができるような指導を行うことが大切である」とされています。

　プログラミング教育は、論理的思考力の育成を目指すことだけではなく、課題解決に向けての一連の活動を実現するために、どのようなことを相談相手に聞くと、自分に必要な情報を獲得し、より課題解決に向けた意図する活動に近付くことができるのかという、円滑なコミュニケーションを促すことにもつながっていくと考えています。

　また、もし一連の動作が自分の意図するところと違った結果が生まれた時、自らの意図する一連の動作と何が違うのか、どこを修正すると自らの意図した活動に繋がるのか、授業の到達点へ向けた手助けをどのように、教師や仲間である相談相手に求めていくことがいいのかという思考を促し、相手へ具体的に伝えるための「思考の可視化」を促すことが可能になると考えています。

　この点を踏まえると、知的障害の状態は不変ではなく、教師や仲間である相談相手にどう手助けを求めていくのかという「教育的対応を含む環境条件を整備すること」によって、深い学びへとつながる変化を生むことにつながっていくのではないでしょうか。

5．卒業後に向けたプログラミング教育の展開

　「プログラミング教育」の目的は「プログラマーを養成することではない」と言われています。
　あくまでねらいとするところは、前述の3点にあります。特に、論理的思考力は「生活の中で順序立てて活動を行ったり、物事の因果関係を理解したりすることなどに大切な力」です。知的障害特別支援学校には知的障害があるために論理的思考力の弱さがある生徒が多く在籍しています。そのため、筆者の勤務先のように職業学科を設置する特別支援学校（高等部）として、プログラミング教育を実践していくことは、生徒の論理的思考力の育成と共に、コミュニケーションをとることの楽しさを味わうことや、自分からの情報を発信する手段を獲得することに繋がっていくとも考えられます。

　2020年はGIGAスクール構想がスタートし、小学校からのプログラミング教育が必修化されました。プログラミング教育をどのように進めるべきかが分からず、困っている教員や必修化に不安を感じている教員が少なくないと思われます。

　「プログラミング教育」を「プログラマーの養成」と間違った認識として捉えられた場合、知的障害特別支援学校では、それだけをもって就労に直接結び付けられる内容ではないと捉

えられることも少なくないことから、積極的に取り組まれていない状況にあります。しかし、ICT の活用と同様、プログラミング教育に取り組むことによって本来のねらい以上に、自立活動での指導の成果を捉えると、むしろ特別支援教育における児童生徒への恩恵は大きいのではないかと考えています。

参考引用文献
文部科学省（2018）特別支援学校教育要領・学習指導要領解説　自立活動編（幼稚部・小学部・中学部）（平成 30 年 3 月）.
文部科学省（2019）特別支援学校教育要領・学習指導要領（平成 31 年 2 月）.
北海道教育庁学校教育局特別支援教育課（2019）令和元年度　教育課程編成の手引き（令和元年 11 月）.
北海道教育庁学校教育局特別支援教育課（2020）令和 2 年度　教育課程編成の手引き（令和 2 年 12 月）.
水内豊和編（2020）新時代を生きる力を育む　知的・発達障害のある子のプログラミング教育実践. ジアース教育新社.
山崎智仁・水内豊和（2018）知的障害特別支援学校の自立活動におけるプログラミング教育の実践―小学部児童を対象としたグリコードを用いて―. 日本 STEM 教育学会編　STEM 教育研究, 1, 9-17.
山崎智仁・水内豊和（2018）知的障害特別支援学校におけるプログラミング教育―小学部の遊びの指導における実践から―. 富山大学人間発達科学研究実践総合センター紀要, 13, 41-45.

プログラミング教育を通した学習活動の展開

横浜市立仏向小学校　東森清仁

1. まず始めに…「プログラミング的思考ってなんだ？？」

　本項では「学習活動の中でのプログラミング教育」について、述べさせていただきます。まずは、「プログラミング的思考」ってなんだろう？というところから読み解いていくことから始めていきたいと思います。

　「プログラミング的思考」を育成する、ということがこれまでのプログラミング教育では盛んに言われてきました。ところが、実際に先生方に「プログラミング的思考って、何ですか？」と聞いてみてもほとんどの先生方ははっきりと答えることができないのではないでしょうか？

　実は、「小学校プログラミング教育の手引」には次のように書かれています（太字は筆者の編集です）。

> 　**自分が意図**する一連の活動を実現するために、どのよう**な動きの組み合せ**が必要であり、一つ一つの動きに対応した記号を、どのように組み合わせたらいいのか、**記号の組み合せをどのように改善**していけば、より意図した活動に近づくのか、といったことを論理的に考えていく力

「小学校プログラミング教育の手引（第三版）」（令和2年2月）文部科学省より

　ここで少し、解説を入れたいと思います。

（1）「自分が意図する」

　文字通り、自分が思い描いた結論を達成するために、という前置きです。

　プログラミングアプリに適当に数値を入力し、偶然に面白い結果が得られることを楽しむことも学習の初期段階では必要です。しかし、プログラミング的思考を育成するためには、最終的なゴールを思い浮かべ、そこに向けてプログラムや手順を組み立てていく力を育成することが大切です。

（2）「動きの組み合わせ」

　「動きの組み合わせ」を考えるためには、前述されている「一連の活動」を**細かに分析する力**が必要になってきます。例えば、「動きをさらに小さく分けて考える」「パターンを見つける」「条件が分岐するポイントを見つける」などです。

具体的な例を挙げると、「階段を登る」という一連の動きの中には、大雑把に考えても右足と左足を交互に上げることや、体の重心を右・左と順序良く移動させる必要があります。また、階段を登り切ったところで同じ動作を繰り返してしまうと「ガクンッ！」となってしまうのはご存知の通り。これは、「階段を登り切ったら〜」という条件分岐を忘れてしまっているのです。プログラミング的思考には、物事を細かに観察し、分析する力も求められるということです。

（3）「記号の組み合せをどのように改善」

　「プログラミング学習は試行錯誤が大切」と言ってはみたものの、行き当たりばったりで適当に操作して偶然正解にたどり着いても意味がありません（時にはそれが必要な場面も当然ありますが）。

　前述したように子どもたちが「細かに分析した」要素（動きだったり、音だったり、センサーへの反応だったり、いろいろな要素が考えられます）を基に、思い描いた結論と、現実に目の前で起こっている事象（例えば、プログラムされたものの動作の結果）の差異の原因がどこにあるのかを考え、具体物操作を通して、あるいは頭の中でじっくりと、「論理的に」考えることができる力を養う必要があります。理科の学習で例えるなら「条件制御」に似たイメージを持たれる方もいらっしゃるのではないでしょうか？

　プログラミング教育は体験的に実施してくことがとても大切です。ただ、その体験の中に上記のような「思考を育む」要素が含まれることで、学びの姿が大きく変わってくることを指導する際には意識できると良いのではないでしょうか。

2．教科学習の中で「何を学ぶか、どう学ぶか」

　それでは、いよいよ本項の中心となる「プログラミング教育を通した学習活動の展開」について話を進めていきたいと思います。

　筆者の勤務する小学校や、特別支援学校の小学部には「情報」という教科はありません。そのため、「国語」や「算数」「理科」などの教科学習の中でプログラミング教育を実践していくことになります。

　ただし、気を付けてほしいのは「教科の学習内容を達成しているかどうか」という点です。

（1）「スイミー」の学習から考える

　たとえば、筆者が実践した「スイミー」の学習です。最近、海の魚たちの様子をプログラミングで表すという授業実践がよく見られるようになりました。

　小学校学習指導要領を見てみると、第1学年及び第2学年の文学的な文章に対する指導事項は下記のように述べられています。

> 場面の様子や登場人物の行動など、内容の大体を捉えること。
> 場面の様子に着目して、登場人物の行動を具体的に想像すること。

つまり、「スイミー」の学習では、文章の叙述をもとに、「場面の様子」「登場人物の行動」を読み解くことが大切です。しかしながら、文章だけでそれらを理解することは決して容易なことではありません。そのとき、どのような手立てが考えられるのでしょうか。

　従来の学習では、ペープサートなどを通して「赤い魚の兄弟たちが楽しく暮らしている海の様子」や「マグロに追いかけられ、逃げ惑う様子」、「いろいろな生き物たちが暮らしている海で、スイミーが元気を取り戻していく様子」などを表現します。これまでは、ペープサートを子どもたちが**場面の様子や登場人物の様子**を理解するための手立てとしていました。

　しかし、一人一台端末の活用ができる環境となったとき、「ペープサート」を「プログラミング」に置き換えること、もう少し具体的に言うと Viscuit や Scratch など、視覚的にプログラミングで表現できるツールを活用することで、場面の様子や登場人物の行動を動的に表現し、その活動を通してより場面の様子を深く理解することができるようになるのではないでしょうか。そして、「国語の教科学習としてのねらいの達成」と「プログラミング教育」を無理なくこれまでの教育課程の中で実践することが期待されます。

　児童が一人一人描き、動きをプログラミングした赤い魚をひとつの画面上に表示することで、「赤い魚の兄弟たちが仲良く過ごしている場面」を表現しました。
　文章の読み取りを実際に動きとして表現し、場面の様子を再現することで児童の理解が深まりました。

（2）表現のための手立てとしてのプログラミング教育

　また、プログラミングを教科学習の中で取り上げていく際に、手軽で効果的に活用できる場面の一つとして「表現のための手立てとして」の活用をお伝えしたいと思います。

　国語の「大好きなもの、教えたい」という単元をもとに、特別支援学級の児童とプログラミング学習にチャレンジしたことがあります。

　児童が自分の好きなものを選び、その好きな理由を友達に伝えるという単元内容ですが、その取り組みの中で Viscuit を活用し、好きなもののイラストを描き、それを大型テレビに映し出し、手元の操作でイラストを変化させながら自分の好きなものや、その理由を説明するという流れで学習を進めていきました。

　同様の単元におけるこれまでの学習では、画用紙等に絵を描いたり、写真を用意したりし、それを提示しながら話すことが多かったと思います。しかし、これからは手元のタブレットで

電車が走る様子や、イラストが次々と変化する様子をプログラミングで作成しました。

小さい時に住んでいた家の近くを電車が走っていたことや、将来はイラストを描く仕事がしたいことなどを発表しました。

描くことで何度も描き直したり、これまでの表現方法では難しかった「動き」や「変化」も併せて表現したりすることが可能となりました。

（3）個別最適な学びとプログラミング教育

　さて、中教審答申「令和の日本型学校教育」の中では、個別最適な学びについて「指導の個別化」「学習の個性化」の二つの観点について論じられています。

　これまでの特別支援教育の取り組みの中で、「指導の個別化」とされている内容に記述されている、「支援が必要な子どもにより重点的な指導を行うこと」や「特性や学習進度等に応じ，指導方法・教材等の柔軟な提供・設定を行うこと」などは十分に取り組まれてきたと思います。

　もう一つの観点「学習の個性化」は、「子どもの興味関心に応じ、一人一人に応じた学習活動や学習課題に取り組む機会を提供する」と記述されています。

---

①個別最適な学び（「個に応じた指導」（指導の個別化と学習の個性化）を学習者の視点から整理した概念）

◆ 新学習指導要領では、「個に応じた指導」を一層重視し，指導方法や指導体制の工夫改善により，「個に応じた指導」の充実を図るとともに，コンピュータや情報通信ネットワークなどの情報手段を活用するために必要な環境を整えることが示されており，これらを適切に活用した学習活動の充実を図ることが必要
◆ GIGAスクール構想の実現による新たなICT環境の活用，少人数によるきめ細かな指導体制の整備を進め，「個に応じた指導」を充実していくことが重要
◆ その際，「主体的・対話的で深い学び」を実現し，学びの動機付けや幅広い資質・能力の育成に向けた効果的な取組を展開し，個々の家庭の経済事情等に左右されることなく，子供たちに必要な力を育む

指導の個別化	学習の個性化
● 基礎的・基本的な知識・技能等を確実に習得させ，思考力・判断力・表現力等や，自ら学習を調整しながら粘り強く学習に取り組む態度等を育成するため， ・支援が必要な子供により重点的な指導を行うことなど効果的な指導を実現 ・特性や学習進度等に応じ，指導方法・教材等の柔軟な提供・設定を行う	● 基礎的・基本的な知識・技能等や情報活用能力等の学習の基盤となる資質・能力等を土台として，子供の興味・関心等に応じ，一人一人に応じた学習活動や学習課題に取り組む機会を提供することで，子供自身が学習が最適となるよう調整する

◆ 「個別最適な学び」が進められるよう，これまで以上に子供の成長やつまずき，悩みなどの理解に努め，個々の興味・関心・意欲等を踏まえてきめ細かく指導・支援することや，子供が自らの学習の状況を把握し，主体的に学習を調整することができるよう促していくことが求められる
◆ その際，ICTの活用により，学習履歴（スタディ・ログ）や生徒指導上のデータ，健康診断情報等を利活用することや，教師の負担を軽減することが重要

中教審答申

　個別最適な学びについて「指導の個別化」と「学習の個性化」と整理し、それぞれの内容について具体的に述べられています。

　指導の個別化は、教師側の取り組みであることに対して、学習の個性化は「子ども自身が学習が最適となるよう調整する」とあるように、児童が主体的に学習を調整できるように促していくことが求められています。

筆者が、様々な実践を通して感じたことは、プログラミングツールを上手に活用することで、子どもたちにとっての学習の選択肢、つまり一人一人に応じた学習活動の選択肢が増えていくのではないかということです。

　子どもたちは、自分の思いを表現するときに様々な手立てを駆使していきます。時には、それが絵を描くことであったり、写真を用意することであったり、具体物を用いての説明もよいでしょう。これからは、そのような手立ての中の一つとして、プログラミングも位置づけられるのではないかと期待しています。そのことが、学びの個別最適化に寄与すればとても素敵なことではないでしょうか。

引用文献
文部科学省（2020）小学校プログラミング教育の手引（第三版）.
文部科学省（2021）「令和の日本型学校教育」の構築を目指して〜全ての子供たちの可能性を引き出す、個別最適な学びと、協働的な学びの実現〜（答申）.

知的障害特別支援教育における プログラミング教育の課題

国立特別支援教育総合研究所　青木高光

1. はじめに

　知的障害特別支援教育におけるプログラミング教育に関しては、様々な立場からの意見が提示されているものの、現時点では論点の整理がされていないように感じます。特に、プログラミング教育は不要であるとか、効果を疑問視する意見に対しては「新たな知識・技術を身に付けようとしていない」という批判になりがちです。もちろん、そういう人もいるかもしれませんが、全てをそのようなステレオタイプに落とし込み、排除的に捉えることは生産的ではありません。実践先行に偏らない、丁寧かつ本質的な議論が必要です。かくいう私も「プログラミング教育には賛成」ですが「知的障害教育領域に関して"だけ"は懐疑的」なため、誤解を受けることがあります。まず私の立ち位置を明確にしておきます。

①プログラミング教育やICT活用の充実は、重要かつ急務である

　プログラミング教育や、ICTを活用した教育はこれからの社会のあり方を大きく変えるものです。また、従来の教育手法ではその効果を十分に発揮できないという意味で、これまでの教育観自体に変革を迫るものです。また、教育現場のテクノロジー環境の整備、特に1人1台を前提にしたICTツール活用の充実は急務だと考えます。

②私個人は、プログラミング教育それ自体は積極的推進派である

　私は通常の学級においては、プログラミング教育は更に積極的に導入されるべきだと考えています。「プログラミング教育はプログラミング言語を学ぶためのものではない」ことが強調されますが、むしろ「プログラミング言語」を学ぶことも重要で、敢えて言うなら自然言語とプログラミング言語との差異を早くから理解し、どちらも使いこなせる子どもを育成するべきとすら考えています。特別支援教育においても、肢体不自由や発達障害などの障害種にかかわらず、知的な遅れのない子には、積極的に取り入れるべきだと考えています。

　ではなぜ私が知的障害教育におけるプログラム教育に関して"だけ"は、懐疑的なのか。その答えは非常に単純です。特別支援教育は、子どもたちに苦手なことをできるようにさせる教育ではなく、その子の今もっている力を伸ばし、強みを生かすことで困難を補い、その子らしく生きる力を育てるためのものである、と考えるからです。その視点に立った時「プログラミング教育」自体には、知的障害のある子どもたちの強みを生かしたり、困難を補ったりする事につながる要素が見出しにくいと思います。授業実践でも、計画段階から知的障害のある

子の認知特性や学習過程を踏まえているとは言い難いものが散見されます。一見授業が成立して学習目標が達成しているように見えても、その教材の選択や授業展開が子どもの特性に合った内容ではなく、プログラミングに関わる活動を成立させるために、かえって教師の介入が増えていると思われるものがあります。特にクラスの中で最重度の知的障害の子が（その子に合った個別的なプログラミング学習が成立しないがゆえに）、教師の介助の下で他の子の「お手伝い」をする役回りを与えられているような授業もあり、それらは強く戒められるべきと考えます。

2. 知的障害のある子も「論理的に行動」している
―金森論を批評的に読み解く―

　現時点では参考となる書籍や事例が少ないので、前項に掲げたような問題が丁寧に検証されることなく、いくつかの先行事例が成功例（＝正しい取り組み）として受けとめられてしまっていることも、丁寧な議論を阻む要因になっています。

　本書の前作『新時代を生きる力を育む　知的・発達障害のある子のプログラミング教育実践』は先駆的かつ示唆に満ちた書籍で、参考になる好事例が多数収録されています。だからこそ、収録事例の目的や課題を正しく理解した上で、読者が自分の実践に生かしていくことが望まれます。つまり、これからの知的障害教育におけるプログラミング教育を正しく進めるためには、先駆者である前書こそ検証的に読まれるべきです。そこで試みとして、監修者である金森氏の論を分析してみましょう（あくまで批評的な分析であって、論への批判ではないことは強調しておきます）。金森氏は、知的障害教育におけるプログラミング教育の位置づけについて、以下のように書いています（紙面の都合で一部の引用となりますので、略した箇所も含めて、是非前著をご参照ください）。

　プログラミング学習では、ただ単にプログラム言語を覚えさせ、プログラマーを養成するということだけではなく、それらの「仕組み」を理解することだと思います。そのために必要なのは、論理的思考を育て、情報化社会を理解するための学習ではないでしょうか。
　（中略）
　「私たちでも難しいのに、知的障害のある子供には使えない」というような、コンピュータを使った実践を知的障害教育で使うことに対して、否定的な意見が多く見られました。しかし、コンピュータだからこそ、知的機能の困難さを補う機器になるのだと考えます。
　（中略）
　プログラミングでは「順番に行うこと」「繰り返すこと」「判断すること」という考え方が基本となりますが、私たちは、意識せずにこれらの考え方をもとに行動しています。障害のある子供たちでもこの「仕組み」を整理して理解することは、彼らの生活の質を高めるため

<u>にも有用になってくる</u>と思います。（下線は筆者）

　金森氏は「プログラミング学習は論理的思考を育て、情報化社会を理解するための学習」であるとした上で、知的障害というのは「記憶、推理、判断などの知的機能の発達に有意な遅れが見られ、社会生活などへの適応が難しい状態」ではあるが、「コンピュータは知的機能の困難さを補う機器」なので、プログラミング学習は有効（有用）である、と結論づけています。しかし、この説明には論理的な飛躍があると言わざるを得ません。「コンピュータを使う」ということと「コンピュータ（またはプログラム）の動く仕組みを理解する」ということは、そもそも全く別のことだからです。「コンピュータだからこそ、知的機能の困難さを補う機器になる」という文は、コンピュータを活用することと、それ自体の仕組みを知ることを混同させてしまいます。しかし、

> ・コンピュータを使える
> ・コンピュータ（またはプログラム）の動く仕組みを理解する
> ・コンピュータ（またはプログラム）の動く仕組みを作ることができる

という3つの段階は、明確に分けて考えなければなりません。そもそも「コンピュータを使える」ことと「仕組みを理解する」こととの間には連続性はありませんし、イコールではありません。コンピュータやプログラムの動く仕組みについての知識や興味がない人（例えば幼児や高齢者）でも、スマートフォンを十分に使えることからも、それは明らかです。そして「コンピュータの仕組みを理解する」ことと「コンピュータの動く仕組みを作ることができる」ことも当然のことながらイコールではありません。

　プログラムの動く仕組みを作るには論理的な思考力だけではなく、実際は記号化・抽象化という能力が必要になります。それは知的障害のある子にとって苦手なことであるのは様々な先行研究や実践からも明らかです。

　さらに言うなら「論理的な思考力」という概念自体も、世間的には根本的な部分が勘違いされているのではないかと思います。「論理的な思考力」がないと「論理的な行動」ができないと考えてしまうことがその一つです。つまり、行動の前に思考が必ず先行する、という考え方です。それは大きな誤解で「論理的な思考力」はなくても「論理的な行動」は取れるのです。私たちが生活するということは、常に自分にとってより良い行動を学習していく、過程そのものです。知的な障害があっても、その人にとって最もよい行動を学びとり、自分にとってよりよい生活を送る事は可能です。例えば、知的障害のある子が、苦手な暗算を避け、スマートフォンの電卓を使うことを習得し、買い物の時に活用するのは、論理的かつ合理的な行動です。それを使って上手に予算内で買い物をして電子マネーで支払い、美味しい物を食べるのも、合理的な行動です。電子マネーの残りが少ないと気付いて、チャージするのも論理的な行動

です。しかし、これらは「コンピュータを使える」ことであって、「プログラミング教育」とは関係ありません。あまり使いたくない表現ですが「これまでの学習方法でできる」ことです。スマートフォンは知的な困難を補ってくれていますが、金森氏の言う「コンピュータだからこそ、知的機能の困難さを補う機器になる」ことと、プログラミング教育それ自体には直接の関係はないと言わざるを得ません。

3．クリエイティビティの発露は結果であって目的ではない

もう一つ「プログラミング教育はクリエイティビティを拡大する」的な言説にも注意が必要です。プログラミング自体は大変クリエイティブな活動ですが、それが知的障害教育でプログラミングを行う方便になってしまっては危険です。プログラミングは、結果としてクリエイティビティを引き出す可能性はありますが、その過程において知的障害の子が苦手な抽象化や記号化といった手順を踏む必然性があるのか、検証が必要です。

例えば知的障害のある子には手先が器用でない子も多いので、通常の道具ではうまく円や直線が引けず、思った通りの絵が描けないこともあります。そういった子がコンピュータを使うことで思い通りの絵が描け、クリエイティビティを発揮できた例はこれまでにもありましたし、まだまだ可能性がある領域です。しかし、これは前項の「コンピュータが使える」ということであって、プログラミング自体とは関係がありません。このような活動もプログラミング教育の一種だと拡大解釈することには論理的必然性がありません。「より正確な円を描こう」というような課題を後付けで設定して、数値化や繰り返し処理などの記号化・抽象化した思考を求めることで「プログラミング教育」的な体裁を整えていることはないか、確認が必要でしょう。そこを怠ると、抽象的な思考が苦手な子たちには、いったんそれを動作化して身体的な動きに置き換える手順を加えればいいのではないかといった、そもそもの抽象化・記号化の必然性を失わせる、木に竹を接ぐような授業になりかねません。

4．さいごに　知的障害のある子たちの個々の強みを生かす学習を

以上、基本的な視点から「知的障害教育におけるプログラミング教育の課題」について整理してみました。紙面の都合で、知的障害のある子の認知機能の発達や記憶の特性、動機付けや外的指向性などを含めた議論にまで踏み込むことはできなかったので、それはまた別の機会に譲りたいと思います。

知的障害のある子の発達はゆっくりで、ある程度のところ頭打ちになることは事実です。しかし、縦方向の発達のみに注目するのではなく、横方向の発達を充実させていくことが、彼らの可能性を広げていきます。スマートフォンやPCの基本的操作ができたら、それを使って教科学習、更にはプログラミング学習へと縦方向に課題を積み上げていく支援が必ずしも正道ではありません。スマートフォンのカメラが使えるようになったら、その写真を話題にして友達

や先生とお話をしたり、写真を下書きにして絵を描いたり、アルバムにまとめて作品集を作ったり、というような魅力的な活動をつなげ、増やしていく視点を忘れてはならないでしょう。知的障害のある子は、アプリの操作の論理的構造に気付いたり、関連性を見出したりするのは苦手かもしれません。私たちからすると一見不合理な操作をして、余計な時間がかかるかもしれません。しかし、それはそれで彼らの使い方であることを受け止め、行動全体の中で評価する視点が大切ではないでしょうか。

　このような視点を踏まえた上で、敢えてプログラミング教育に取り組んでいくことが望ましい子がいたとしても、前著で編著者の水内氏が指摘しているように、「やみくもに試行錯誤するだけでは論理的に考えることにはつながりにくい」ことを十分に理解した上で「個々の子の実態把握に基づき教科領域における学習内容の目標の達成」の中にプログラミング教育がどう位置づけられるかを考えることが不可欠だと思います。本書に集められた事例は、そのような視点での示唆にあふれたもので、ここまで述べてきた懸念を払拭するものであろうことを信じています。

幼児期の発達とプログラミング教育

富山大学大学院人間発達科学研究科　伊藤美和

1. 未就学児に対する教育現場での「プログラミング遊び」

　幼稚園教育要領解説では、幼稚園教育において育みたい資質・能力として、①豊かな体験を通じて、感じたり、気付いたり、分かったり、できるようになったりすることといった「知識及び技能の基礎」、②気付いたことやできるようになったことなどを使い、考えたり、試したり、工夫したり、表現したりすることといった「思考力、判断力、表現力等の基礎」、③心情、意欲、態度が育つ中で、よりよい生活を営もうとすることといった「学びに向かう力、人間性等」を掲げています。また、それらを個別に取り出して指導するのではなく、遊びを通した総合的な指導の中で一体的に育むよう努めることが重要であるとされています。筆者は、上記に示したような資質・能力を、さまざまな「プログラミングツール＋遊び」、つまり「プログラミング遊び」の中でねらったり、育むことができると考え、またそれを実証的に検討しています。

図1　グループ活動の際にお互いの　　　　図2　グループで考えたプログラミング
　　　考えなどを伝え合う子どもたち　　　　　　　を一緒に確かめている子どもたち

　例えば、少人数のグループごとでの活動となれば、そこには領域「人間関係」に関するねらいや、グループ内で言葉でのやりとりを必要とするため領域「言葉」に関するねらいを設定しながら活動を進めることとなります（図1、2）。特にコード・A・ピラー（販売終了。現在は後継機コード・A・ピラー・ツイストが販売されている）のようなフィジカルタイプのプログラミングツールに触れる中で、さまざまな性質や仕組みなどに関心をもつことは、領域「環境」に関するねらいにつながったり、プログラミング遊びを通じて、自分の考えや思考を表すことは領域「表現」に関するねらいにつながります。また、伸び伸びと、その子らしく活動することは領域「健康」のねらいにもつながります。

このようにプログラミング遊びは、幼児の発達と大きく関連すると言えます。

　それでも「プログラミング」と聞くと、保育者は未就学児の子どもたちには難しいような印象を受けるかもしれません。しかし、藤谷（2016）は5歳後半からは「可逆的操作」を使い始め、結果から遡って原因を推測したり、出来事の起こった理由や根拠を述べることができるようになるとしています。5歳頃からは結果から原因を推測する等といった論理的思考力も発達し始める時期でもあり、コード・A・ピラーはもちろん、Viscuitのような表象としての言語や数を用いたりパソコンやタブレット端末への入力を必要としないようなプログラミングツールであれば、プログラミングを学ぶためではなく、子どもたちは興味・関心をもって、まずは遊び始めると思います。幼児向けのプログラミングツールとして、他にも、モンテッソーリ教育を基礎に子どもが手に持ってスクリーンを見ずにコーディングが学べる木製のロボットにブロックを使ってプログラムをつくるPRIMO社のキュベットがおすすめです（渡辺ら，2017）。そのようなツールを使用し遊ぶ中で、プログラミングへの気付きや良さの発見へとつながっていくかもしれません。また、プログラミングによる遊びの良さの一つとして、何度でも失敗と再挑戦ができるところも挙げられると思います。

2．コード・A・ピラーを用いたプログラミング遊びの実践から

　筆者らは、地域の認定こども園でコード・A・ピラーでのプログラミング遊びを実施しました。そこで大変興味深かったこととして、図3のような問題に取り組む際に、ほぼすべて子どもたちがコードの組み立てを「→」「↑」としたのです。つまり、自分からの視点で目的地（ゴール）までの動きで方向を考えており、これはピアジェの提唱する前操作期の子どもの発達の特徴として述べている「自己中心性」そのものです。しかし、第一試行では、このように自分視点で考え、その結果間違えていた（ゴールに辿り着けなかった）どのグループも、エラーを踏ま

図3　心的回転が必要となる問題
（くだもののある道を通りながら紫陽花（ゴール）を目指す）

図4　作戦ボードを用いながら正しいコードを
予想する子どもたち

えて、話し合い、今度はピラー視点に立ち、「→」「←」と正しいコードを予想し、組み立てて、問題を通過していくことができていました（図4）。

　この出来事を通して、筆者は幼児期の心性、そして発達的変化の瞬間をプログラミングでの活動の中で垣間見ることができ、そのことを決して訓練というかたちではなく、あくまで遊びの中で子どもたちが気付き、習得していける可能性を実感しました。

3. Viscuit を用いたプログラミング遊びの実践から

　著者らは、地域の認定こども園や大学での公開講座で幼児に対し、Viscuit を用いたプログラミング遊びを実施しました。年中児（実施時にはおおむね5歳の子）に対して、Viscuit の「学校でビスケット 3」（現在はアプリのリニューアル中のため使用不能）を利用して、「お弁当づくり」をまずは「自分のために」好きなものを詰めたお弁当づくり（図5）をし、そのあと「自分の家族を誰か1人想定して」お弁当づくりを行う活動

図5 「自分のお弁当づくり」活動の
iPad 画面

を導入として行いました。この一連のお弁当づくり遊びにおいても、事前に準備されているお弁当のおかず（部品）をステージと呼ばれるお弁当箱のイラストが描かれている場所（ステージ）まで指先をスライドさせながら移動させなければなりません。そこには手先の発達や動かしたいところに注目し移動させるという手と目の協調運動の発達というのも関係してきます。また、他者を意識したお弁当づくりを行うことで、他者意識の形成や「心の理論」の通過期であるこの時期の幼児において大切な要素が含まれます。このように、幼児の発達や心性を踏まえたプログラミング遊びの展開の仕方次第で、子どもの発達を確認したり促進したりする活動になります。また、中には思うようにプログラミングができず、悔し涙を流す子どもやエラーの度に何度も何度も調整する子どもの姿が見られました。それぞれの子どもがプログラミングを真剣に取り組んでいるからこそ、成功した際（自分の思い通りにプログラミングできた際）には声を上げて大喜びしています。何度も挑戦や調整が容易にできる可塑性が高いプログラミングツールであるからこそ、このような体験ができるのではないかと思います。また、普段の保育で集まる時間などでは椅子に座ってじっとしていることがなかなか難しい子どもが、Viscuit をしている間は誰よりも真剣に取り組み、椅子に座って活動をしたり、前に立つ保育者の話を聞いていることができていたりする姿が実践の中で見られることもありました。このプログラミング遊びを行う際に、保育や特別支援教育に共通する前提要件として、環境を整えること（図6）は重要です。活動場所（タブレットに触る場所等）と保育者

図6　保育者が話をする時には自分の「おさかなシート」
をiPadに被せて聞く

図7　活動場所と説明（保育者からの話）
を聞く場所を明確に分ける

図8　保育者が作成したイラスト集を
使用する子どもの姿

から活動の説明を受ける場所を分けること（図7）や、イメージし描くことに苦手さが
ある子どもに対してイラスト集を提示する（図8）等の支援や配慮は、特別支援を要す
る児童へのプログラミング教育にも共通することです。

引用文献

渡辺勇士・中山佑梨子・原田康徳・久野靖（2017）ビスケットを使った未就学児に対するプログラミングレッスンの
　実践と考察．情報処理学会研究報告，13，1-7．
藤谷智子（2016）幼児期の協同性の発達における論理的思考力—5歳児の発達過程に着目して．武庫川女子大学紀要，
　64，31-39．
文部科学省（2018）幼稚園教育要領解説．

第2章

プログラミング教育を
やってみよう！

| 国語 | # 読み取ったこと、感じたことを
Scratch で表現してみよう！ |

岐阜市立鏡島小学校 自閉・情緒特別支援学級　手島達雄

| 学習目標 | ○「ごんぎつね」の物語を読み取ることができる。
○読み取ったこと、感じたことを Scratch で表現してみよう。
・心に残った場面の再現や話の続きを Scratch でプログラミングし、表現することをねらいとした。 |

　本実践では、Scratch を活用して、自分が物語を読んで感じたり、心に残ったりしたことを表現できるようにした。そのために国語としての「ごんぎつね」の学習を大切にし、ごんの気持ちや心情を考えながら、自分が表現したい場面を明確にした。文章で表現することに苦手意識をもっている児童に少しでも抵抗感をなくし、表現できるようになることをねらいとした。表現手段の1つとして Scratch を活用した。

使用するツール・支援のポイント

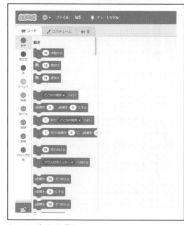

Scratch3.0 版

【プログラミング入門 Scratch 3.0 版】

　本校では、2020 年度までプログラミング学習は、「プログラミン」（文部科学省）を活用していたが、2020 年 12 月 31 日をもってサービスを終了したため、2021 年度より Scratch に移行した。

　以前使用していた、プログラミンから Scratch に移行して、今回が初めての授業であった。プログラム言語そのものは、あまり変わらなかったのでスムーズに移行することができた。児童にとって一番なじみの深いツールである Scratch を使用した。表現する内容で迷う場面があれば教科書の本文に立ち返り寄り添い考えるようにした。

児童の実態

　小学校自閉症・情緒障害特別支援学級に在籍する4学年3名を対象に授業を行った。対象児は、いずれも仲間と協働的に学習するよりも、一人で個人的に学習した方が安定し、集中して取り組むことができる。

　学年相応の漢字の読み書き、特にノートへの書き込み練習、ドリル教材を使っての漢字の練習等は、進んで行える。文章を音読することはできる。デジタル教科書の読み上げを聞いて内容を理解し、感想を尋ねると自分の考えを発表することができる。

　これまでの学習から Scratch についての理解も速く、プログラムをいくつか作ろうとする意欲がみられた。プログラムを自分で作ることができる児童は3名のうち2名である。そのうち1名は、教師の支援が

あると作ることができる。

　このように、国語の読解力、ならびにプログラミング学習への関心が高く、また集団よりも個々で学ぶ学習スタイル得意とすることから、今回、国語の「ごんぎつね」の学習を通して、自ら主体的により深く物語文を読みとり、自分の考えや思いを Scratch により視覚的に分かりやすくまとめ、対話的に仲間と共有できるようにすることを意図して、今回の学習を設定した。

指導計画

　本単元は、本文を読んだり、書いたりする時間に 9 時間、プログラミングに関する時間に3時間の合計 12 時間の実践とした。単元全体を通じて、ごんの兵十に対する心情を考えながら読み、表現する楽しさを感じることを大切にする。
・「ごんぎつね」を全文音読し、初発の感想をまとめる。このことにより、全体を把握し、学習の足場を確立する。
・「ごんぎつね」を場面ごとに分け、丁寧に読み進めることで作品の良さを味わう。
・学習を終えての感想を書いて言語したり、Scratch で物語を視覚化したりして表現の楽しさを感じる。

次・時数	学習活動内容
第1次 （2 時間）	１．本文を読み、全体の感想をもつ。 ２．学習課題を設定し、学習計画を立てる。
第2次 （7 時間）	１．第一場面1「ごんが兵十にいたずらをした時の様子や気持ちを読み取ろう。」 ２．第二場面2「ごんが穴の中で兵十のことを考えていた時の様子や気持ちを読み取ろう。」 ３．第三場面3「次の日も、その次の日もくりを拾って届けていた時のごんの様子や気持ちを読み取ろう。」 ４．第四場面4「二人の会話を聞いていた時のごんの様子や気持ちを考えよう。」 ５．第五場面5「『おれは引き合わないなあ。』と思った時のごんの様子や気持ちを読み取ろう。」 ６．第六場面6「ごんがぐったりと目を閉じた時のごん自身や兵十の様子や気持ちを読み取ろう。」 ７．ごんと兵十の気持ちの変化について考えたことをノートにまとめよう。
第3次 （3 時間）	1．Scratch を使って自分の考えをもとにごんぎつねのまとめをしたり、話の続き第五場面5『おれは引き合わないなあ。』と思った時のごんの様子や気持ちを表してみたりしてみよう（a）（本時） 2．自分の考えをもとに Scratch を使ってごんぎつねのまとめをしたり、話の続きを表してみたりしてみよう（b） 3．Scratch を使って、ごんぎつねの発表会をしよう。

（全 12 時間）

授業の流れ

	本時の展開	指導上の留意点
導入	①あいさつ ②前時および全体の振り返り ③本時の課題確認	●学習の準備を整えてから全体であいさつをする。 ●前時および、全体を振り返ることで物語全体の内容を確認する。ごんの心情を大切に振り返る。

導入	Scratchを使って自分の考えをもとにごんぎつねのまとめをしたり、話の続きを表したりしてみよう（a）	
展開	④ Scratch の使い方について説明を聞く。 ●コスチュームを変え、自分で絵を描くことができるようにする。 ●基本的な動きを確認する。	● Scratch にある絵や背景を利用し、簡単に取り組めるようにする。 ●「前に進む」「後ろに進む」「右に曲がる」「左に曲がる」など基本的な動きを説明する。
	⑤ごんぎつねを学習して心に残った場面や話の続きなど自分が一番制作したいところを課題とする。	●どんな場面にするか決める。 ●背景、ごんを描く。 ●動きを決める。 ●どうして制作したかったのかはっきりと言えるようにする（制作の意図をもつ）。
	⑥自分が思った動きをするのか確認する。 ⑦発表会を行い、自分が作った作品を見せ合い交流する。	●プログラミングしたことを試し、修正する。 ●仲間と交流することで、表現の違いを知り、自分の作品作りに生かすことができるようにする。
まとめ	⑧本時の振り返りを行う。 ⑨次回の活動の予定の確認をする。 ⑩あいさつをする。	●自分の作品の良かった点や課題点をまとめる。 ●自分の作品と仲間の作品とを比べて参考になる点をまとめ、仲間の良さを知ることができるようにする。

【板書】

実践を振り返って

　今回は、国語科の「ごんぎつね」の教材からプログラミング学習を考えてみた。あくまでも国語の教材の一つの表現方法としてプログラミング学習の活用を試みた。また、Scratch でプログラミングを学ぶことによって、自分の考えや思いのイメージを広げることができ、他の教科とのつながりを常に意識してほしいと願い実践した。表現することに対して苦手意識を少しでもなくしていきたいと考えたからである。

　国語の物語教材として、まずは、物語を何度も読んだり、場面に分けて読み取ることによっ

て「ごんぎつね」の世界を十分味わうことを大切にした。ごんと兵十のすれ違う心情を理解し、自分の思いを仲間に話したり、ノートに書いたりして、自分の考えを十分にもつようにした。そのため、子どもたちは、ごんの心情を十分理解した上で自分が描きたいイメージをもつことができた。

　その上でScratchを活用することで、自分が表現しきれなかった部分をScratchで表現しようという意欲につながり、さらに自分のイメージを豊かに表現することができた。Scratchは、あくまでも自分の思いを具体化する一つのツールであると実感できた。

　児童一人一人が表現したいイメージが強烈にあったため、制作には大変意欲的に取り組むことができた。教科での延長線上にScratchなどのプログラミングがあり、自分の思いや考えを表現する一つの手段となる。

【児童の学習の様子】

　自分が一番感動した場面の続きを表現しようと試みていた。ごんが天国の世界で楽しく走り回っている様子をScratchを用いて表現することができた。

　自分だけで作るのではなく、仲間と協働的作業を行いながら修正を加えていった。自分の考えを仲間と共有し、個人の考えだけでなく、仲間との関わりももつことによってより深く思考することができた。

　ごんの兵十に対する心情を十分考えることによって、最後まで自分の思いを表現しようとする意欲をもつことができた。物語を十分読み取ることによって、手軽にScratchで表現することができ、自分で考えたプログラミングを仲間と共有することも簡単にできた。

| 国語 | 海のようすやスイミーの気もちが
つたわるようにはっぴょうしよう |

横浜市立仏向小学校 自閉症・情報障害特別支援学級　東森清仁

学習目標
○物語「スイミー」の読み聞かせを聞いたり、物語を演じたりする。
○場面の様子について、登場人物の行動を中心に想像を広げながら読む。

　本実践では、国語の物語教材「スイミー」の場面の様子をビジュアルプログラミングツール「Viscuit」を活用することで視覚的に再現し、より深く物語を理解することを目指した。また、取り組みの成果として Viscuit で作成した海の様子を背景として、地域の特別支援学級の合同学習発表会にて音読劇の発表を行った。

使用するツール・支援のポイント

【Viscuit】

　スイミーや赤い魚のきょうだいたち、海のいろいろな生き物など、いろいろな登場人物の動きを表現するために使用した。

　数値入力がなく、直感的な操作でプログラムを作成できるため、特別支援学級の児童にも操作が容易であった。

【iPad】

　横浜市から配当されている端末を使用。

　Viscuit はデータを端末内ではなくサーバ上に保存するため、オンラインでの使用が基本となる。

児童の実態と教材について

　対象年齢は、1年生2名、3年生1名、4年生4名、5年生2名、6年生2名、計11名。

　本学級では、毎月1～2回以上、絵本や紙芝居等の読み聞かせをしている。ほとんどの児童が楽しみながら聞いている。毎月実施されている読書ボランティア「こあらの会」による読み聞かせや、学校放送番組「おはなしのくに」の視聴についても、個々の理解能力の違いにかかわらずほとんどの児童が15分以上話に集中して、楽しみながら聞いている。

　また、本学級の児童は2017年度「総務省若年層に対するプログラミング教育普及推進事業」において、Viscuitの基本的な活用について学ぶことができ、タブレット上でイラストを描いたり、動きをプログラミングで作成したりすることに慣れ親しんできた。

　本教材「スイミー」では、楽しく仲間と暮らしている場面や、海の中でいろいろな生き物に出会う場面など、様々な情景が表現豊かに描かれている。それぞれの場面での叙述やきれいな挿絵などからスイミーの気持ちを考えたり、海の中の様子を想像したりしながら、より深く物語を理解するためのツールとしてプログラミング学習を取り入れることとした。

　また「スイミー」は、体言止めや倒置法といった表現方法やリズミカルな文章、比喩による海の中の描写など、実際に声に出して読む面白さも味わえる教材である。学習のまとめとして、地域の特別支援学級での合同学習発表会に向けて、場面の様子やスイミーの気持ちが伝わるように音読劇に表すという言語活動を設定した。

指導計画

次・時数	時	学習活動と内容
第1次 （2時間）	1	○題名に関心をもち、範読を聞いたり全文を読んだりして、感想をもつ。 ○初発の感想を発表する。
第2次 （4時間）	2	○第1場面からスイミーがどんな魚だったか読み取って、紹介できるようにする。 ○赤い魚たちが泳いでいる様子を読み取って、感想をもつことができる。
	3	○第2場面を音読し、スイミーやまぐろの様子を読み取る。
	4 本 時	○第3場面を音読し、スイミーがしたこと、見たものを読み取り、その場面をタブレットを用いて表現する。
	5	○第4場面を音読し、スイミーがしたこと、言ったことを読み取る。 ○第5場面を音読し、スイミーがしたこと、言ったことを読み取る。

	7	○スイミーのお話のその後を想像し、グループでまとめる。
	8	○グループの中で役割分担をし、読みの工夫を考える。
第3次 （6時間）		○音読と動きを合わせて、劇の練習をする。
	9	○交流級の友達の前で発表する。
	10	○劇を発表し、交流級の友達から、よさやアドバイスを伝え合う。
	11	○友達に伝えてもらったアドバイスを生かして練習する。
	12	○海の様子やスイミーの気持ちが伝わるように発表する。

授業の流れ

	学習活動と内容	指導の手立て
つかむ	①本時の学習内容（課題）を確認する。 ●姿勢を正し、挨拶をする。 ●黒板の掲示に注目し、学習内容を知る。	●本時の学習の流れが分かるように、拡大したものを掲示しておく。 ●場面を拡大した掲示物を黒板に掲示しておく。 ●出てきた順が分かるように拡大掲示物を示す。
	②読み聞かせを聞き、内容を確認する。 ●登場した海の生き物やその順番を思い出し、発表する。	
考える　広める	③本時のめあてを確かめる。 スイミーに変身！ こんな海の生き物たちがいたよ 	●個々の学習としてプリントを用意し、想像した言葉を書き入れられるようにする。 ●スイミーがだんだん元気を取り戻したことが視覚的に分かるようにする。
	④海の生き物について、様子を説明したり、出会ったときのスイミーの気持ちを考えたりする。 ●プリントの吹き出しに書く。 「さわったらつるつるしてるかな。」 「赤い魚たちはいなくなったけれど、こんなにすてきな生き物がいたんだね。」	
	⑤グループのみんなに発表する。	
深める　まとめる	⑥スイミーが元気を取り戻した海の、生き物を描いてみる。 ●タブレットを利用して、生き物を泳がせる。	●描くことが難しい児童には近くに図鑑や絵本を用意したり、簡単なイラストを担任が描いて示したりする。 ●個々のプリントにめあてが達成できたか振り返る箇所を作り、自己評価できるようにする。

深める　まとめる	海の生き物ランドを作ろう ①自分が描きたい生き物を選ぶ。 ② Viscuit を使って、海の生き物を描く。 ③めがねを使って、絵を動かす指示を出す。 ④みんなが描いた生き物をひとつの画面に集めて表示する。 ⑤出来上がった海の生き物たちを鑑賞し、場面の様子を考える。	
	⑦グループごとに振り返りをする。 ●めあての確認。 ●めあてが達成できたか、自己評価する。 ●個々のプリントに丸をつけてもらう。	
	⑧次回の学習を知る。	

実践を振り返って

　児童は、これまでの学習の中で学んできた Viscuit を活用し、自分たちの思い描いた様子を視覚的に表現するためのツールとしてプログラミングを活用することができていた。

　また、それぞれの場面の様子を描いたプログラムがクラウド上に保存されていくため、最終的にそれらを活用して音読劇を行うことができた。「プログラミングを学ぶ」ことが主目的ではなく、「プログラミングを活用してどのように教科学習を進めていくか」ということの実証事例となった。

　これらの学習からの発展・応用としてプログラミングを活用して自己紹介をしたり、簡単なクイズを作ったりすることができた。プログラミングが児童にとって新しい思考表現のツールの一つとなることの示唆が得られたのではないかと考える。

| 算数 | # 何マスでツルツルくんを
ゴールに連れて行けるかな？ |

堺市教育委員会事務局　（元大阪教育大学附属特別支援学校）　松本将孝

| 学習目標 | ○上下左右を弁別して、目的の方向にロボットを動かすことができる。
○道順にあった動きをするように、カードを組み合わせてロボットにプログラムすることができる。
○スタートから経由地点までの歩数と経由地点からゴールまでの歩数を予測して、10までの加法演算ができる。 |

　本実践は、発達段階別の少人数グループで、ロボットにプログラミングを行い、スタート地点からゴール地点までロボットを到達させる学習に取り組んだ。その中で①上下左右の区別ができるようになること、②自分とロボットの視点が違うことに気づいてプログラムをすること、③スタート地点―経由地点―ゴール地点の進んだ歩数（10までの数に限定）を計算できること、を目指して取り組んだ。

使用するツール・支援のポイント

【プログラミングロボット　True True】

　本実践ではケニス株式会社が生産・販売しているプログラミングロボット「True True」を使用した。このロボットは、カードの指示を読み込ませる（コンパイル）ことによって稼働させることができる。本実践では「START（はじめ）」「END（おしまい）」「MOVE FORWARD（前に進む）」「TURN RIGHT（右に曲がる）」「TURN LEFT（左に曲がる）」のカードを活用した。

　方向（左右）がわかるように、True True の後ろに左には青色シール、右には赤色のシールを貼った。それをワークシート上の課題にも取り入れ、整合性を持たせた。

　児童たちは「ツルツルくん」と呼んでおり、ツルツルくんをケースから出すと、「ツルツルくん、おはよう」「ツルツルくん、元気？」と話しかけたりするなど、親しみを持っていた。

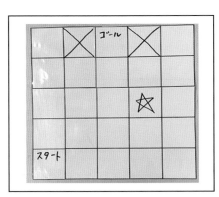

【5×5のマス目（道のり）】

　True True の進む一歩の歩幅（約 10cm）に考慮し、10cm×10cm の正方形を5行×5列にしたマス目を作成した。またラミネートし、ホワイトボードマーカーで書き込めるようにした。スタート、ゴール、経由地点（☆）、進入禁止（×）の場所は課題に応じて、その時々で教師が書き込むこととした。

【自作ワークシート】

　教師の指定する条件を提示し、自分の進む経路をロボットにプログラムする前にワークシートに書き込むようにした。その際に左折・右折する際に向きを意識させるために、左折時には青色シール、右折時には赤色のシールを貼らせるようにした。

　プログラム実行後、適切に動いたかを自己評価した。その後、使ったカードの枚数（前に進む・左に曲がる・右に曲がる）を書き込ませた。また 10 までの加法演算の際には、スタートから経由地点までのカードの枚数、経由地点からゴールまでのカードの枚数を書かせ、最後に演算させるようにした。

児童の実態

児童	障害種	児童の実態
A（男子）6年	知的障害、ASD	第3版 SM 社会生活能力検査（SA）：3歳7か月 太田ステージ評価（LDT-R：Stage）：Stage Ⅲ-2
B（女子）5年	ダウン症	第3版 SM 社会生活能力検査（SA）：6歳 10 か月 太田ステージ評価（LDT-R：Stage）：Stage Ⅲ-2
C（男子）4年	知的障害、ASD	第3版 SM 社会生活能力検査（SA）：6歳7か月 太田ステージ評価（LDT-R：Stage）：Stage Ⅲ-2
D（男子）4年	知的障害、ASD	第3版 SM 社会生活能力検査（SA）：6歳2か月 太田ステージ評価（LDT-R：Stage）：Stage Ⅲ-2
E（男子）3年	知的障害、ASD	第3版 SM 社会生活能力検査（SA）：3歳 10 か月 太田ステージ評価（LDT-R：Stage）：Stage Ⅲ-2

・本実践は上記5名で、集団活動・個別学習を織り交ぜながら学習を進めた。
・児童 B、C、D は前年度 True True を使った実践に取り組んでおり、True True の取り扱いには慣れていた。

指導計画

毎時授業の冒頭	出席調べ ・ともだち○人、せんせい△人、合わせて□人（7までの加法演算）

	I （2 時間）	ツルツルくんと仲良くなろう（True True の仕組みを知る） ・「はじめ」と「おわり」をはっきりさせないとわからないよ！ ・実際に自由に動かしてみよう。
第1次 （10 時間）	II （3 時間）	ツルツルくんをお散歩させよう！ ①　ゴールまで連れて行こう ②　寄り道してからゴールまで連れて行こう ③　通れないところもあるよ！
	III （5 時間）	ツルツルくんを何歩でゴールまで連れて行けるかな？ ①　スタートから経由地点、経由地点からゴールまでそれぞれ何歩 　　でいけるか考えよう ②　合わせて何歩でゴールに行けるか予想しよう（加法演算） ③　ツルツルくんを使って確かめよう
第2次 （5 時間）		ツルツルくんを使って足し算の問題をつくろう ・教師が指名した児童がスタート、経由地点、ゴールを自分で決め 　る。 ・教師が指名した以外の児童がスタートから経由地点までの歩数、 　経由地点からゴールまでの歩数を数え、合計歩数を予想（計算） 　する。 ・ツルツルくんにコンパイルし動かして、合計歩数が正しかったか確 　認する。

（全 15 時間）

授業の流れ

	本時の展開	指導上の留意点
I	●ツルツルくんと仲良くなろう（True True 　の仕組みを知る） ①「はじめ」「おわり」がわからないと動か 　ないことを説明し、どうしたらよいかをカ 　ードを示しながら考える。 ②①の課題ができた時、実際に「はじめ」 　「おわり」を入れないでプログラムした時に 　どうなるかを考える。 ③児童に自由にプログラムさせ、ツルツルく 　んを動かす。	●「はじめ」「おわり」のカードを提示し、どのよ 　うにプログラムをすれば True True が動くかを 　考えさせる。 ●「はじめ」と「おわり」のカードをプログラムし 　なかったらどうなるかを児童に問いかけ予想さ 　せる。「動かない」と発言が出た時に、実際に 　児童に「はじめ」と「おわり」なしでプログラム 　させてみる。 ●「はじめ」「おわり」が意識できることに重点を 　置き、自由に動かしプログラミングの楽しさを 　感じられるようにする。
II	●ツルツルくんをお散歩させよう！ ①ワークシート及びマス目上のスタート地点 　とゴール地点を確認する。 ②児童にどの経路を通ってゴールまで進むか 　をワークシート上で考える。	●学習回数を重ねていく中で、条件提示をしてい 　く（通行止め、指定箇所の通過等） ●鉛筆でワークシート上にコースを書くように指 　示する。電子黒板で教師の見本を示すが、児童 　の自由なコース設定を促すため、見本はすぐに

消すようにする。

③ワークシート上に左折するところは青シール、右折するところは赤シールを貼る。

【児童のワークシート記入例】

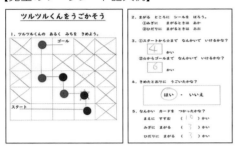

●必要な児童のみ取り組む。上下左右の概念を理解している児童は省略する。

④ツルツルくんにコンパイルし、動かす。
　計画通りにツルツルくんが動いたかを確認し、うまく行かなかった時にはどこで間違ったのかを考える。

⑤ワークシートに思った通りに動いたかを評価し、ツルツルくんが何回曲がったり、何歩進んだりしたかを記録する。

●間違った場合は、どこで間違ったかを考えさせる。自分で気づけない場合に備えて、教師がワークシートにツルツルくんが通った経路をメモしておき、どこで間違ったのかを提示する。

Ⅲ

●ツルツルくんを何歩でゴールまで連れて行けるかな？
①ワークシート及びマス目上のスタート地点とゴール地点を確認する。
②児童にどの経路を通ってゴールまで進むかをワークシート上で考える。

③ワークシート上で、スタートから経由地点までの歩数を数える。次に、経由地点からゴール地点までの歩数を数える。その後、合わせていくつかを予想する。
④ツルツルくんにコンパイルし、動かす。
　その際に合わせて何歩だったかをツルツルくんの移動歩数を核にする。
　間違っていた場合、ワークシートを修正する。

●学習回数を重ねていく中で、条件提示をしていく（通行止め、指定箇所の通過等）
●鉛筆でワークシート上にコースを書くように指示する。電子黒板で教師の見本を示すが、児童の自由なコース設定を促すため、見本はすぐに消すようにする。
●ワークシートに取り組む際に視覚的に示す。間違っていた場合、それを訂正するようにする。

実践を振り返って

算数科の資質・能力の育成の観点で言えば、「数える」「計算（予想）する」「確認する」の３ステップをTrue True という具体物で取り組めたことは児童たちにとってもわかりやすかったと思われる。この取り組みを通して True True を取り扱わなくても、10 までの加法演算の習得も少しずつできてきた。プリント学習においても、具体物を使った計算においても、正確性が向上した。また数の合成もこれまで以上に習得が進んだ。これに付随して、児童の上下左右の弁別能力が上がった。最初は頭の中で左右の弁別が難しい児童が、回数を重ねる中でロボットの向きを自分で変えながらカードをコンパイルするようになったり、友だちのロボットの動きを予測して、友だちに「今は◎◎の向きだよね」というような対話も生まれた。

授業中、ロボットに適切にコンパイルすることができた児童は、自分が考えていた通りにロボットが動く様子を見て喜んでいた。一方で、コンパイルがうまくできていなかった時はロボットが予想外の動きをして、そのことに戸惑った児童もいた。しかし回数を重ねる中で、自分がどこでコンパイルを間違えたのかを確認し、再度チャレンジする姿も見られるようになった。プログラミング学習を通して、各教科の資質・能力の育成だけではなく、他生活に生きる力の育成の可能性が改めて示唆された。

【小学校　特別支援学級】

算数　計算の仕方を考えよう

横浜市立川和東小学校　自閉症情緒障害・知的障害個別支援学級　鈴木俊介

学習目標

簡単に計算できる方法を考えて、実践することができる。
・加法を使った計算から乗法を使った計算に変換することができる。

　本実践は、小学校3年生算数科における「大きい数のかけ算の仕方を考えよう」の単元を、ドローンを用いて学習したものである。乗法の学習を進めていく上で、計算方法を機械的に学習していくのではなく、乗法の意味について理解することが重要だと考え、授業を構想した。なお、本実践は、自閉症情緒障害学級の児童と知的障害学級の児童とを合同で行ったものであるが、以下では知的障害学級の児童を対象とした実践について記載する。

使用するツール・支援のポイント

【Tello EDU】

　iPad のアプリであり、指示ブロックを使いプログラミングをすることで、ドローンの動きをコントロールすることができる。プログラミングを経験したことのない児童もいたため、直感的に操作することができるブロックプログラミングを使用した。指示ブロックの中には漢字で表記されているものが多くあったが、"ドローンを飛ばしたい"という意欲に支えられ、自ら漢字の読み方や意味を調べたり、教員に聞いたりする児童の姿が多くみられた。

【ドローン】

　iPad のアプリでプログラミングし、飛ばすことができるようにした。本実践では、[Ryze Tech 社　トイドローン Tello Powered by DJI]を使用した。ドローンは、児童にとって非常に魅力的なツールであるとともに、長さや高さ、計算など数に関連する学習と相性がよく、算数科の学習に活用できると考えた。

【ロイロノート・スクール】

教員が課題を配布したり、児童自身がアプリの画面をスクリーンショットして課題を提出したりすることに使用した。また、児童が自分の考えをまとめ、発表する際にも使用した。

児童の実態

本学級には、知的障害と情緒障害のある児童が在籍している。知的障害学級は1年1名、4年1名、5年2名、6年3名の計7名、情緒障害学級は4年2名である。

知的障害学級の児童は、自ら考えて学習に取り組むことには弱さがあるが、課題の内容や問いかけを分かりやすくすることで学習に主体的に取り組むことができる。これまで、算数科においては時計やブロックを用いて学習を進めてきたが、それらの教材では児童の興味関心を十分に高めることができず、効果的な学習に繋がらなかった。そこで、児童がドキドキ、ワクワクするような教材を使用することで、興味関心、そして探究心を引き出し、授業に自ら向かう姿勢を育むことが重要であると考えた。

指導計画

目標地点までドローンを飛ばそう！

次・時数	学習活動内容
第1次 （1時間）	ドローンを飛ばしてみよう！ ○ドローンの操作方法について理解する。 ○安全に飛ばすためのルールを理解する。 ○プログラミングに使用する指示ブロックの使い方を理解する。
第2次 （2時間）	足し算を使ってドローンを飛ばそう！ ○スタートからゴールまでの距離を加法を用いて計算する。
第3次 （1時間）本時	かけ算を使ってドローンを飛ばそう！ ○スタートからゴールまでの距離を乗法を使って計算する。

（全4時間）

授業の流れ

	本時の展開	指導上の留意点
導入	かけ算を使ってドローンを飛ばそう！ ●スタートからゴールまでの距離を、乗法を使って計算する。	●廊下の床のマス目を利用して学習を行う。
展開	①前回の振り返りをする 式 30+30+30+30+30+30+30+30+30+30 ＝ 300 答え 300㎝ ②かけ算を使って考える 式 30 × 10 = 300 答え 300㎝ ③ドローンを飛ばしてみる ④振り返り	●児童から次のような発言を引き出し、計算を工夫しようとするきっかけを作る。 ・「足し算を使って考えた」 ・「10 回足すのは疲れるな」 ・「計算がめんどくさいな」 ●児童自らが、"かけ算が使える"ことに気づくことができるよう「30㎝が 10 個あるから× 10 をすればいいのかな？」などと問いかける。 ●前時（足し算）とは異なる指示ブロックを使ってプログラミングができるよう、見守る。 ●"状況によっては足し算よりかけ算の方が使いやすい"ということを、活動を通して学んだことを中心に学習内容を振り返る。

実践を振り返って

　本実践では、乗法の意味理解を進めるためにドローンを活用した。児童たちは、ドローンをスタート地点から、ゴール地点へと飛ばすために、その間の距離を求める必要があった。第2次では、廊下の板目が１マス 30cm であることを使用して、５マス分は「30+30+30+30+30」というように加法で求めていた。第３次では、加法では手間がかかったという経験を活かし、乗法を使用することの利点について児童たちは自ら気づいたようであった。ドローンのプロ

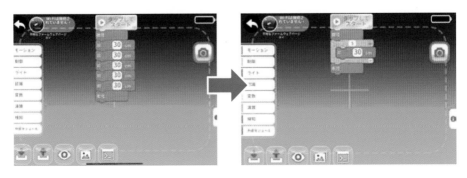

グラミングにおいても、第2次では、「前に30cm進む」という指示ブロックを5回繰り返していたが、第3次においては、「繰り返す」という指示ブロックを使っても、第2次と同じようにドローンが5マス分飛ぶということを目の当たりにすることができた。

　本実践では、プログラミングを経験したことのない児童もいたが、指示ブロックの使い方を学習し、算数科の学びに活かすことができていた。ブロックは縦方向にしかつながらないことや繰り返しのブロックを使うと簡単に多くの指示が出せることを理解することができ、理解した児童は、後にプロゼミやScratchなどのアプリでも活用することができていた。

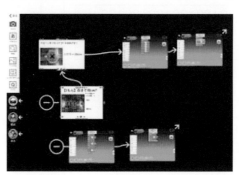

　最後に、実際に目の前で飛ぶドローンは、児童の興味関心を高める上でとても効果のあるツールであった。児童にとって、自分がボタンを押すことによって、思い描いたように飛ぶドローンの様子を眺めることは、楽しい体験であったようだ。本実践では、ドローンを含めICTを効果的に活用することにより、算数科（長さ、加法、乗法）だけではなく、国語科（相手に伝える力、考えをまとめて話す力）など、たくさんの学びが見られた。

【特別支援学校　小学校】

算数　正多角形の特徴を調べよう！

富山大学人間発達科学部附属特別支援学校　北村満

学習目標

○正多角形の定義やその性質を理解し作図することができる。

○学習した知識や技能を活用して、プログラミングで作図をするための命令の正しい組み合わせを見つけようとすることができる。

○ロボットが正三角形を描くためのプログラムを予測し、命令を正しく組み合わせてタブレット PC に入力して作図することができる。

正三角形を描くためのプログラムを予測し、「前に進む」「右を向く」などプログラムに合った動きをするように命令を組み合わせることができる。【シーケンス】

　本実践は、プログラミングツールの「プログル」上でキャラクターを正方形や正三角形などの指定された図形の上を動かすプログラムを考えることを通して、正多角形の性質への理解を深めたり、どの角度を測る必要があるのかを考え、その角度を正しく測ったりできるようになることを目指している。

使用するツール・支援のポイント

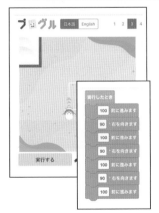

【プログル】

　本実践では、タブレット PC でビジュアルプログラミングタイプのプログラミング教材「プログル−多角形コース−」を利用して授業を行った。「プログル」は、多角形や平均値、公倍数など複数の算数コースが用意されており、コース内の課題をプログラミングしながらクリアし、ステージを進めていくドリル型の学習教材である。「プログル」の多角形コースは、ロボットのキャラクターが平面図形を描くためのプログラムを考える課題であり、全ての辺の長さと角の大きさが同じという正多角形の性質どおりにプログラムすると正確な図形を描くことができる。

【課題シート】

　課題シートを基にペアでプログラミングの予測を話し合うことができるように、シートを作成する。課題シートの左側には、本時で描こうとする多角形とその性質をまとめられるようにし、右側にはプログラミングの予測をするために命令のシールを並べて貼るための欄を設けた。一人一人がしっかり考えられるように、始めは1人1枚のシートに取り組み、完成させてからペアの友達とお互い意見を交換した。

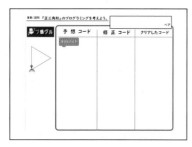

【ペアの課題シート】

　ペアで話し合って決めたプログラムを貼るためのペアの課題シートを作成する。

　左側には予測したプログラムを貼る欄、中央には修正したプログラムを貼る欄、右側にはクリアしたプログラムを貼る欄を設けた。

【大型分度器・ロボットの模型・床に貼られた図形】

　課題と同じ大きさや角度の図形を床に貼っておくことで、児童自身が図形上を歩いてロボットの視点から考えたりロボットの模型を動かして考えたりすることができるようにした。

　また、ペアの友達と視点を共有しやすくするために、直径30cmの大型分度器とロボットの視線を矢印で示したロボットの模型を用意した。

【角度の測り方手順シート】

　分度器を使って角度を測る際に小学校の教科書で紹介されている手順では分度器の当て方が分からなくなってしまう児童が複数いた。そのため、手順を①調べたい角を左にして置く、②下の辺に分度器の0°線を合わせる、③角の頂点に分度器の中心を合わせる、④辺と重なる目盛りを読む、の4工程に改め、手順を確認しながら進めることができるように1人1枚手順シートを用意した。

児童の実態

・小学部高学年4名のグループ。
・三角形や四角形などの平面図形の定義や性質などの概要について学び、図形の弁別や方眼を利用した正方形や長方形の作図ができる。
・分度器を使った角度の測り方や定規と分度器を使った作図を学習しており、学習を重ねることで2つの辺からなる角の角度を測ることができるようになった。
・これまでにアンプラグドタイプやタンジブルタイプのプログラミングツールを使ってロボットなどの視点から考えて前、右、左などのコードを組み合わせてロボットを意図した道順のとおりに進ませる学習を多く経験してきている。

指導計画

次・時数	学習活動内容
第1次 （3時間）	分度器を使った角の測り方・かき方を知ろう！
第2次 （3時間）	正多角形について知ろう！
第3次 （3時間）	分度器を使って正多角形をかこう！
第4次 （5時間）	プログラミングで正多角形をかこう！※本時13／14時

（全14時間）

授業の流れ

	本時の展開	指導上の留意点
導入	①本時の学習の流れを聞く。 ●今日はどんな課題だろう。楽しみだな。	●学習の流れを始めに説明することで、学習活動に見通しをもてるようにする。
展開	②課題シートを書きながら正三角形の性質を確認する。 ●辺の数は3つで長さは同じだったな。 ●角の数は3つで、全部60°だったな。	●プログラムを考える上で必要となる三角形の性質を理解しているか確認する。
	③課題シートに命令シールを貼りながら正三角形を描くプログラムを一人で予測する。 ●まずは「100 前に進みます」かな。 ●何度曲がればいいのかな。	●考えるための手掛かりとして前時に学習した正方形のプログラムを提示しておく。
	④課題シートをペアで見せ合い、予測を紹介し合って二人で一つのプログラムを決定し、ペアの課題シートに命令シールを貼って示す。 ●はじめは「100 前に進みます」かな。 ●僕は「60°右を向きます」だと思うよ。	●課題シートを持ち寄って見せながら説明することで、お互いが考えたことを伝えやすくする。 ●話し合って決定したペアの予測したプログラムを貼るためのペアの課題シートを用意する。
	⑤タブレット PC を使って、プログルで作戦通りにプログラミングをする。 ●成功するかな。 ●違うところに行った。なんでなんだろう。	●失敗した時はタブレット上で修正するのではなく、再度ペアの課題シートを確認したり模型や分度器を使って修正案を考えたりするように促す。
まとめ	⑥本時の振り返りを行う。 ●はじめは内角でやってみましたが、失敗しました。 ●ロボットが回転した角度を測ったら120°だったよ。 ●次はどんな問題かな。楽しみだな。	●どのような方策で課題を解決していったかを尋ねることで、他のペアが課題解決の方策を学ぶ機会となるようにする。また、児童がどのように思考していたかを把握できるようにする。 ●次回の学習活動を紹介することで期待感が高まるようにする。

実践を振り返って

　プログルでの正方形の作図では、正方形の辺と角の特性から、どの児童も 「100 前に進みます」「90°右を向きます」という 2 つのコードを 4 回繰り返すように組み合わせることで、正しく正方形の作図をすることができた。正方形は内角 90°でありロボットの動く角度（外角）も 90°であったため、内角 90°が理解できていると結果的にはプログルでプログラミングすると成功できた。

その経験から、どの児童も正三角形の作図の際も正三角形の内角60°を想起し予測を立てて
プログラミングをした。このことより、子どもたちは図形の特性を理解して辺の長さや内角
が等しいこと、正方形の内角は90°、正三角形の内角は60°であることを利用して思考してい
ることがわかった。

　子どもたちが初めにプログラミングしたプログラムで実施した結果、ロボットは子どもた
ちの想定外の場所に移動した。失敗の原因を探るため、ペアの友達と一緒に床の図形とロボッ
トの模型、大型分度器を使ってプログラミングされたとおりの動きを再現し、子どもたちはロ
ボットが内角の60°で動いているのではないことに気付き、ロボットが図形の道を行くには内
角ではなくロボットの視線の動く角度がポイントでその角度が分かれば最後まで行けると考
えた。そこで、ロボットが行きたい方向に行くには何度右を向けばいいのかを分度器とロボッ
トの視線矢印を使って確認し、120°であることを発見、デバッグを行うことができ正三角形
を描くことができた。

　本実践では、プログラミングでの作図と思考を可視化したり協同して取り組んだりできるよ
うな教材や環境設定を組み合わせて学習することで、算数科の目標達成及び論理的思考の育
成を目指した。ロボットの模型を動かしながら思考することで、角度を測る必要がある角を
捉えることができ、分度器を正しく使って角度を測ることができた。児童によっては、繰り
返しのプログラムに気付いてコードに組み込んだり、「120°右を向く」を「10°右を向く」を
12個に分割しても同じ結果となり動きがスローになるということを発見したりするなど、工
夫して図形を作成する姿が見られた。多角形の角を測るプリントでも、角度を測る必要があ
る角を捉えることができ、分度器を正しく使って角度を測ることができるようになった。また、
体育の体つくり運動でジャンプしながら回転する運動では「ジャンプで右向き」「ジャンプで
後ろ向き」の指示で動く際に「90°右。」「180°後ろ。」などと開始位置から自分が動く角度を
意識して発言する児童がいるなど、他の学習の中でも感覚的に角度を使って表現する様子が
見られるようになった。

【特別支援学校　中学部】

| 数学 | # スフィロボルトで図形を描こう
～今まで学んだことをより確かなものに～ |

熊本大学教育学部附属特別支援学校　後藤匡敬

学習目標
○「長い、短い」という長さの量感を身に付ける。
○「～より長い、～より短い」という比較の感覚を身に付ける。
○順序の感覚を身に付ける。

　実践では、Sphero BOLT という球体のロボットをコントロールして図形を描くことを最終目標とし、プログラミングの活動を通して、既習の学習要素（方向、順番、長さ、測定、比較等）の理解を促すことを目的とした中学部の事例である。

使用するツール・支援のポイント

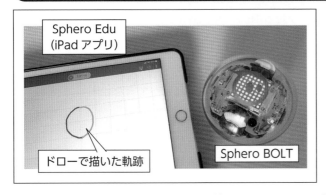

Sphero Edu（iPad アプリ）
ドローで描いた軌跡
Sphero BOLT

【Sphero BOLT（実機）／ Sphero Edu（アプリ）】

　重心を取るためのおもりやセンサー等の電子回路の基盤が、硬いプラスチックの透明の球体に入ったロボットである。他に Sphero mini、Sphero SPRK ＋などあるが、BOLT の特徴は基盤上部の 8 × 8=64 個の LED マトリクスである。BOLT の動きや基盤の光の強さ・色等は、Bluetooth で接続したタブレット端末等で制御でき、専用のアプリでコーディングも可能である。今回は、「Sphero Edu」という専用アプリを使って BOLT の動作を制御した。プログラミングのタイプのうち「ドロー」では、描いた軌跡の通りにロボットが動く。

コード・A・ピラー（アプリ）
自動で動きが回転

【コード・A・ピラー（実機、アプリ）】

　いも虫の形をしたロボット（販売終了。現在は後継機コード・A・ピラー・ツイストが販売されている）。本体には USB Type-A の形状のメス口があり、そこに「前進」「右折」「左折」の命令ブロックのオス口をつなぐ順番で、本体の動きを制御できる。また、対応した純正のアプリがあり、iPad 等で 13 のステージの課題をクリアしていく構成である。アプリの場合、命令のブロックを動かすと、自動で正しい方向に回転する。

面上部を押すと、
上向き矢印が出る

【Teach U 〜特別支援教育のためのプレゼン教材サイト〜
／ PowerPoint】

https://musashi.educ.kumamoto-u.ac.jp/08001-2/

　単元の導入で、コード・A・ピラーのプログラミングをするために知識として必要な「右」「左」の矢印の理解を促すために、筆者が管理する Web サイト「Teach U 〜特別支援教育のためのプレゼン教材サイト〜」でダウンロードできる PowerPoint 教材「08001［体育］どっちかな」（左 QR コード参照）を活用した。この教材は、上下左右に矢印を音とともに表示できるもので、これを大型ディスプレイに表示し、矢印の出た方向に体を動かして、左右の感覚を磨く活動を行った。

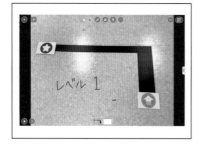

ロイロノート・スクールの
提出箱で回答共有

【ロイロノート・スクール】

　授業支援クラウド「ロイロノート・スクール」を使って、iPad 上に表示されたカードを指で動かしたり、Sphero Edu アプリのドローイング線を引いて指で動かしたりしながら、プログラミングの手順を考えることができるワークシートを作成した。各生徒の思考の結果を、ロイロノート・スクールの「提出箱：回答共有」の機能で、瞬時に共有することができた。

【厚みのあるコース】

　本単元の最終目標は「図形を描く」なので、「最短コースを考える」よりも、「コース通りに進む」ようロボットをコントロールすることを目指した。厚みのあるプラスチック段ボールでコースを作り、「コースから落ちないようにするには」を活動の目的とした。

【夜撮カメラ】

　Sphero BOLT が動く軌跡を残すため、「夜撮カメラ（開発元: Studio ra,labo.）」のペンライトアート撮影機能を活用し、LED 点灯の軌跡を残した。

生徒の実態

中学部1～3年の生徒計7人（小学部2～3段階の内容を扱う習熟度別グループ）で実施。

A 中1	B 中1	C 中1	D 中2	E 中2	F 中2	G 中3
ダウン症	知的障害	自閉症 / ADHD	知的障害 / 自閉症	自閉症 / 知的障害	広汎性 発達障害	自閉症

指導計画

1年間学んできた「測定」や「図形」を統合的に学ぶ単元として，年度末に実施。

次・時数	学習活動内容
第1次（1時間）	**ロボットの動きを見よう～コード・A・ピラーと Sphero BOLT ～** ・自分で左右前後に動いてみる。ロボットの動きを見てみる
第2次（3時間）	**ピラーちゃんをゴールまで案内しよう～コード・A・ピラー～** ・前・右・左の順番、進んだ距離
第3次（2時間） （本時1/2）	**BOLT をゴールまで案内しよう～ Sphero BOLT ～** ・ドローでコース通りに進める
第4次（1時間）	**BOLT で図形を書こう～ Sphero BOLT ～** ・三角形を描く命令を考える

（全7時間）

授業の流れ

	本時の展開	指導上の留意点
導入	①これまでの復習をし、プログラミングで BOLT を動かすことを知る。 　教師　　　「これなんだっけ？」（Sphero BOLT を見せる） 　生徒の反応　「ボール」「ブルートゥース」「ラジコン」「右左まっすぐ」…	
展開	② BOLT の動きと操作画面を見る。 ● Aim（正面の調整） ●ドロー	● Sphero Edu の操作のイメージが分かるよう、実際に BOLT を動かす様子をテレビに映しながら示す。
展開	③ BOLT を落とさないように動かすコースを知る。	●活動の見通しがもてるよう、前時でも使った教具（スタート・ゴールの印、厚みのあるコース）を活用する。
展開	④コースから落ちずにゴールで止まる BOLT の軌跡を考え、ロイロノートのカードに書く。	● Sphero Edu のドローで描いた線と同じ軌跡をたどって進むことを、実演することで伝える。
展開	⑤ロイロの提出箱にカードを提出する。	●全員提出が済んで、回答を共有する。

展開	⑥それぞれが書いた線でBOLTがどう動くか、実際に動かして検証する。	●思考に集中できるよう、Sphero BOLTの操作は教師が行う。 ●実際にBOLTが進んだ長さと比べながら修正できるよう、コースに近づけるにはより長くすべきか、短くすべきか、細かくやりとりをする。
まとめ	本時の振り返りをする。	●「長い」「短い」と「～より（比較）」について、言葉の整理をする。

実践を振り返って

　今回の実践は、第1・2次で「前」「右」「左」の方向を確認したうえでプログラミングに取り組んだ。しかし、コード・A・ピラーの向きと順序を理解してプログラミングできたのは生徒C、D、Gの3人であった。この生徒は、左右を正しく答えることができる。今回の授業では、左右の理解が難しい生徒には、コード・A・ピラーは難しかった。

　一方、第3・4次で取り組んだSphero BOLTのプログラミングタイプ「ドロー」は、描いた軌跡の通りにロボットが動くため、ロボットから見て左右がどちらかが分からなくても、「もう少し長く」「あとちょっと短く」のように、距離の長短で試行錯

メジャーで実測

誤の場面を設定でき、左右の概念獲得が難しい生徒も取り組める点がメリットであると感じた。長さの単位の理解ができる生徒には、メジャーで長さを測りながら、「今のは○cmだったね。コースから落ちないためにはどのくらいかな。」というように実測の活動を取り入れた。

　Sphero BOLTの難しさとして、球体であるがゆえに、プログラミングの命令をiPadからBluetoothで送信する際の調整の操作が生徒によっては難しいように思われた。また、ドローは直線を引く難しさがあり、必要に応じて定規を活用するスキルが求められる。

　今回は、人数分のBOLTを用意できず、生徒が直接BOLTを触って動かす場面が少なかったが、その分、ロイロノート・スクールを用いて思考場面を確保できた。第4次では教室を暗くして、BOLTを光らせて三角形を描き、生徒は驚いていた。

　この単元での学習では、ものさしを使ってプリントに書かれた線の長さを測るという従前からの方法以外の、多くの実測や比較の場面を設定できた。また、これまで学んできた知識や技能を生かし、統合的に学ぶ単元となった。身の回りの事象を観察したり、具体物を操作したりして、数学に主体的に関わる、数学的活動を引き出しやすい題材であった。

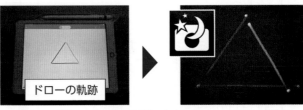

ドローで描いた色の通りに光ったまま動いたBOLTの軌跡

【小学校　特別支援学級】

図工・音楽	KeyTouch × Scratch で おもしろい楽器をつくろう！

新宿区立鶴巻小学校　田中愛

> **学習目標**
>
> ○いろいろな素材を用いて、楽しく創作することができる。
> ○ Scratch と KeyTouch をつなげて、楽器から音のなるプログラムを考えることができる。
> ○友達や保護者と協力しながら、プログラムや作品を創り上げることができる。
> ○自分や友達の作品で遊び、面白かったところやよいところを伝え合うことができる。

　本実践は、KeyTouch（キータッチ）という基盤を Scratch と連動させ、自分が作った工作から Scratch で音のなるプログラムを考え、自分なりのおもしろい楽器をつくるという「工作とプログラミング」で創造性を育成することをねらった実践である。創造的思考を育むという観点からプログラミング教育を行うために、『ライフロングキンダーガーテン　創造的思考を育む4つの原則』（ミッチェル・レズニック、村井裕実子、阿部和広、伊藤穰一、ケン・ロビンソン著・日経 BP 社）の4つの原則（Projects, Passion, Peers, Play）を意識し実践を行った。本学級には肢体不自由で音楽の楽器を扱えない児童が在籍しており、その友達が楽しめる楽器を作るという Projects、友達のために作るという Passion、おうちの人や友達と一緒に作るという Peers、色々試しながら作るという Play の4つの"P"のもと創造性を育めるようにした。

　普段、Viscuit や Scratch.Jr、コード・A・ピラー、Minecraft などのプログラミングツールでプログラミングを楽しんでいる子どもたちであったが、Scratch においては障害特性から理解が難しいという実態があった。そこで、本実践ではサンプルプログラムを用意し、まずはその通りにプログラムを組み立て、工作から音を鳴らし、徐々に自分で工夫していけるよう配慮した。また、保護者参観日に本授業を設定し、親子で楽しく作り上げるなかでプログラミングを体験できるようにした。

※本実践は前所属校（特別支援学級）での実践についてまとめたものである

使用するツール・支援のポイント

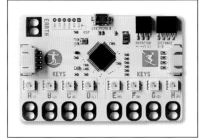

【KeyTouch】

　使用したツールは『KeyTouch 触れて遊んで学ぶプログラミング https://keytouch.org/』

　KeyTouch（キータッチ）は MIT Media Lab で開発された Makey Makey の回路を参考にして、未来工作ゼミと FabLab Nagano が開発した基盤である。

【使用方法】

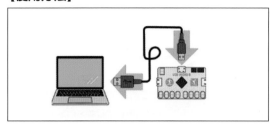

① パソコンと KeyTouch を USB ケーブルで接続する。

・パソコンへのログイン、Scratch の起動、KeyTouch の接続は説明しながら児童に行わせた。

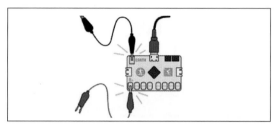

② [EARTH] と [A] にそれぞれコードをかみつかせる。

・アースの先端にはアルミホイルをかみつかせた。

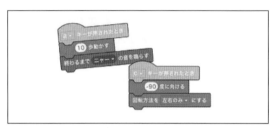

③ Scratch で、A キーの入力で動かせるプログラムを作る。

・サンプルプログラムを提示し、そこから自由に作り変えられるようにした。

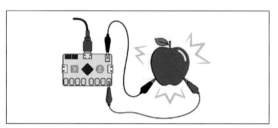

④ KeyTouch につないだコードをタッチするとプログラムが動く。

・KeyTouch には A から H までがあるが、どこまで使うかは児童の作品に応じて調整した。「ドレミファソラシド」の音を鳴らす楽器をつくった児童は、A から H までのキーを、動物の鳴き声を鳴らす楽器をつくった児童は A、B のみのキーをというように、作品によって使用したキーは様々であった。

【その他の準備物】

　工作とプログラミングで創造的に物づくりが行えるように、モールやシール、段ボールやアルミカップなど様々な材料を用意した。

児童の実態

　小学校知的障害特別支援学級に在籍する 1 年生 1 名、4 年生 3 名、6 年生 2 名で実践を行った。ひらがなが読め、方向の概念、方向を示す意味を理解している知的水準が中度から軽度までの児童である。Scratch の処理を理解し、自分で作業を進められるのは 1 名で、その他の児童については保護者とともにプログラムを考えながら制作を行った。

指導計画

本授業は 2 時間の小単元である。工作をしながら同時に Scratch でプログラムを考えた。

次・時数	学習活動内容
第1次 （2 時間・本時）	KeyTouch & Scratch でおもしろい楽器を作ろう
第2次 （1 時間）	作った楽器で遊ぼう

（全3時間）

授業の流れ

	本時の展開	指導上の留意点
導入	①本時の学習内容を確認する。 ●教師の作った作品とデモを見る。 ●工作と、Scratch で音を鳴らすプログラムをつくることを知る。	●はじめは工作と接続していないキータッチで A を触ると音が鳴るプログラムを見せる。次に A に工作したものを接続し、その工作に触れると音が鳴る様子を見せる。 ●教師のデモでは、A を押すと音が鳴るという簡単なものから、「カエルの歌」の演奏とともに画面上のスプライトが動くという高度なものも見せ、「低い床」と「高い天井」を見せることで児童の創造性を広げる。
展開	② KeyTouch を一人一つ配付し、パソコンと接続して下のプログラムを作成し音が鳴ることを確認する。 	●パソコンの起動や Scratch へのアクセス、KeyTouch の接続は一つ一つ説明しながら、保護者のサポートを得ながら子ども自身に行わせる。 ●アースにアルミホイルをワニロクリップでかみつかせる。
	③教師の作った工作とプログラムを見て、本時の Project・Passion を確認する。 ●『○○ちゃんが楽しめる面白い楽器をつくろう』	●普段自由に楽器を使うことができない友達が楽しめるような楽器作りに取り組むことを伝え、「友達のために創る」という Passion を抱かせる。
	④工作とプログラミングに取り組む。 ●保護者や友達と話し合いながら、どんな工作やプログラムにするか考え、制作を進める。	●友達や保護者と協力し、色々試しながら創るよう声をかける。 ●工作が完成した児童には、Scratch の画面上のスプライトやスプライトの動きを変えてみるよう声をかける。

展開		
	⑤発表をする。 ●友達に作品を紹介し、面白いところをフィードバックし合う。	●友達の作品で遊んでみてよかったところ、面白かったところ等よいところを伝えるようにする。
まとめ	⑥授業を振り返る ●今日の授業で楽しかったことやがんばったこと、次に作ってみたいものを発表する。 ●保護者からの感想を聞く。 ●片付けをする。	●保護者に子どもたちのがんばっていたところ、よかったところを伝えてもらうようにする。 ●片付けやパソコンのシャットダウン等は教師が説明しながら児童が行うようにする。

実践を振り返って

　本実践は、「工作」と「プログラミング」の両方で児童の創造的思考を育成することを目指した。学級に在籍する肢体不自由のAさんは音楽が大好きであったが、指先がうまく動かせないために楽器を演奏することができなかった。「私も楽器をひいてみたいな。」と言うAさんを見て、「Aさんでもひける楽器があればいいね。」と児童は話していた。そこで、「Aさんのために楽器を作ろう！」という児童の「Passion」をもとに、学校参観日に保護者と相談したり、保護者のサポートを得たりしながら工作とプログラミングに楽しく取り組み楽器を作ることにした。

　Scratch単体では画面上で終始してしまうが、KeyTouchを接続すると、画面上でプログラムしたものと工作をつなげることができる。「自分が作ったプログラムで指示を出して、工作したものから音が鳴る」ことを体験し、プログラミングの楽しさも実感しているようだった。また教師がScratchのサンプルプログラムを用意することで、音を変えたり使うキーを増やしたりして試行錯誤しながら制作に取り組んでいた。

　第2次でAさんを交え、作った楽器で遊んでいると、Aさんが「おもしろい。」と言いながら楽器を楽しんでいた。その様子を見た児童たちは、「今度はAさんが楽しめるゲームみたいなものを作ってみたいな。」「もっと色々な楽器を作ってみたいな。」と期待に胸を膨らませていた。

　多くのロボティクスなプログラミングツールは既成のものを動かすものが多いが、自分が作った愛着のあるものをKeyTouchでScratchと接続することで、児童の創造性や意欲がより広がりを見せることがわかった。

美術　リアルな生活とつながる プログラミング教育の実践
～ Viscuit で FTK 水族館を作る～

熊本大学教育学部附属特別支援学校　後藤匡敬

学習目標
○デジタルアートの表現を体験し、楽しむ。
○アニメーションのしくみを知る。

　本実践では、知的障害特別支援学校の中学部全18名が一教室に集まり、個々でタブレット端末等を用いてビジュアルプログラミング言語のアプリである Viscuit で「海の中の生き物」を描いた。Viscuit で疑似的な水槽を作り、教室の壁面にプロジェクターで投影し、そこに生徒が描いた生き物を泳がせることで、水族館にいるような体験場面を設定した「美術」の授業を中心に紹介する。デジタル空間と現実世界をつなげる体験を通じて、「水のある生活」についても教科横断的に目を向けるきっかけになった学習である。

使用するツール・支援のポイント

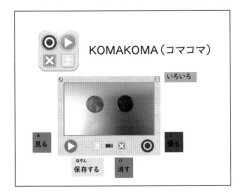

【KOMAKOMA】

　第1次で活用した KOMAKOMA は、簡単な操作でコマ撮りのアニメーションを作成できるアプリである。前の撮影のコマが半透明で表示され、撮影のコマ数が表示されるため、アニメーションが静止画のコマの連続で構成されていることに気づきやすい。

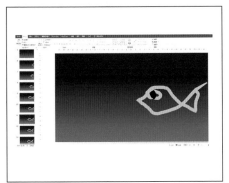

【PowerPoint】

　第2次の導入で活用した PowerPoint は、学校現場で多く普及しているプレゼンテーション作成アプリである。今回は、魚のイラストをスライド毎に少しずつずらしながら配置し、パラパラ漫画のような動きを再現した。

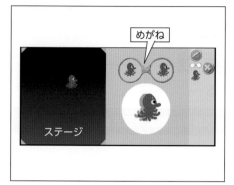

めがね

ステージ

【Viscuit】

　ビジュアルプログラミング言語アプリ Viscuit では、簡単な操作で絵を描くことができる。さらに、描いた絵を使って、画面右側の「めがね」と呼ばれるプログラムを組み合わせることで、画面左側のステージ上で、絵に動きを加えることができる。例えば、図の「たこの絵」を「めがね」のレンズ左側の中央に置き、レンズ右側には「たこの絵」を少しずらして配置することで、ずれた距離の分だけ、たこの絵がステージ上で動き続ける。

　また、各端末をクラウドでつながった Viscuit 上の共通の場所に接続することで、それぞれ動きを付けた絵を同じ場所で同時に動かすことができるため、魚が一斉に泳ぐ水族館のような状態になる。

（例）めがね

レンズ左　　　　レンズ右

「めがね」レンズ左側よりも、少しだけ右にずらして「めがね」レンズ右側内におくと…

ステージ　　→

ステージの絵が右側に動き続けます。「めがね」内の絵の位置の差を大きくすると、ステージ上の動きは速くなります。

生徒の実態

・知的障害や発達障害のある中学部1〜3年の全生徒 18 人である。障害程度は重度・中度・軽度と多様であるため、障害程度を考慮した教員の支援体制をとっている。
・各教室に設置してある大型テレビを使った授業が日常的にあるため、ICT 機器に活用した授業に慣れている。
・タブレット端末やパソコンを使うことに興味を持っている生徒が多い。

指導計画

次・時数	学習活動内容
第1次 （1.5 時間）	「おもしろい」を表現しよう 〜 KOMAKOMA を使って〜
第2次 （1.5 時間・ 本時）	FTK 水族館を作ろう 〜 Viscuit を使って〜

（全 3 時間）

授業の流れ

事前準備：プロジェクター、黒板を覆うスクリーン用の白い布、ネットワーク接続できるタブレット PC やノート PC

掲示用スクリーン　　白い布

プロジェクター

	本時の展開	指導上の留意点
導入	①前時に作成したコマ撮りアニメーションの映像を見る（KOMAKOMA で作成） ②アニメーションのしくみを知る。	●絵が少しずつずれて重なるとアニメーションになることに気づくことができるよう、少しずつ絵の位置をずらした PowerPoint のスライドを使って説明する。
展開	③ Viscuit の操作説明を聞く。 ●共通の場所（水槽）へ接続する方法 ●絵の描き方（色、明るさ、太さ等） ●めがねの操作	●まず手本を示し、手順を細かく区切りながら、一つ一つ確認して進める。 ●手元の見え方と同様の情報を、提示用スクリーンに投影する。
	④ミッションを確認する ミッション：FTK 水族館を作る。 水槽に自分の魚を泳がせよう！	●本時の目標を明確に意識できるよう、「ミッション」という呼び方で提示する。
	⑤描画とプログラミングをし、水槽に描いた魚を送信する。	●支援度の高い生徒については、マンツーマンで操作の支援を行う。 ●支援度の低い生徒については、自身で操作できるように、画面で直接操作できるタブレットを用意する。
	⑥水槽で泳ぐ自分の魚を探す。 ⑦水槽に自分も入って魚になりきって泳ぐような表現を楽しむ。	●水族館の雰囲気を味わうことができるよう、水中の効果音をスピーカーで流す。 ●表現のきっかけになるよう、教師が実際に先に動いてヒントを示す。
まとめ	⑧本時の振り返りをする。	●友達の絵や動きと、自分のものを見比べながら進める。

実践を振り返って

　アニメーションについて、KOMAKOMA や PowerPoint、そして Viscuit と段階的に、かつ丁寧に理解を促したことで、スムーズに Viscuit の学習へと取り組むことができた。一つの特別教室を大きな水槽に見立てるために、水中の効果音を流したり、学校で一番大きなプロジェクターを使って部屋の壁一面に大きく水槽を表示したり、部屋を暗くしてプロジェクターの投影を際立たせたりとダイナミックな環境づくりをしたことで、生徒の表現活動へのモチベーションを高めることができたように思う。

　制作が始まると、教師の支援を受けながら、少しずつ Viscuit の操作方法の理解を深める生徒が増えていった。生徒は各自でタブレットやノート PC の端末を持ち、生徒同士隣り合いながら絵の制作をしたが、自然と隣の操作を見て学び合う様子が見られた。一見、複雑に思えるプログラミングの活動も、ビジュアルプログラミングで直感的に操作が分かり、かつ文字表記がないインターフェイスである Viscuit であったため、知的障害の生徒にも理解しやすかったのではないだろうか。

　バラエティ豊かな作画の末、気付けば画面いっぱいに生徒の生き物が泳いでおり、「あ〜、ぼくのだ！」と、自分の描いた絵が動く様を喜んで見ている生徒がたくさんいた。教師がうちわをもって魚をすくう動作をすると、それを真似して小さなホワイトボードで魚をすくおうとする生徒や、自分の服に魚を映し出してじっと見る生徒、自分の影の動きを楽しみながら光の性質に触れる生徒など、多様な表現が自然発生的に始まり、デジタルアートの魅力を感

図1　Viscuit で洪水シミュレーション
（生徒が画面をタップすると防波堤ができる仕組み。川から溢れる水から防波堤で家を守る。）

じた瞬間であった。中学部では、日頃から環境学習に取り組んでいるが、海の中を生き物たちと共に泳ぐ疑似体験をした本学習が、より自然環境を意識するきっかけの一つとなった。

　Viscuit を扱った本授業の経験は他教科の学びにもつながっていった。例えば、生活単元学習「地域の安全」では、Viscuit でプログラミングした洪水シミュレーションを操作して洪水から家を守る疑似体験を行った（図1）（第1章26ページで紹介）。

【特別支援学校　中学部】

| 美術 | アナログとデジタルをつなぐアート表現
「自分だけの模様を描こう」
〜Zoom とロイロノート・スクールでつなぐ Viscuit アート〜 |

熊本大学教育学部附属特別支援学校　後藤匡敬

| 学習目標 | ○色の三属性（色相、明度、彩度）や透明度の違いに触れ、感じる。
○基本操作を知り、自分で模様の構成要素を描く。
○自分の気に入った模様を選ぶ。 |

　本実践では、2020 年の新型コロナウイルスの流行を受け、生徒が一堂に会せない状況の中、オンライン会議システム「Zoom」と、ビジュアルプログラミング言語のアプリである Viscuit を組み合わせて、幾何学的な模様を描いた。知的障害特別支援学校の中学部生徒が 6 人×3 教室に分かれ、各教室のテレビに映る Viscuit の操作の様子を見ながら、一人一台の iPad 上で描いていった。

　絵やイラストが好きな子は多い。自分で絵を描いて楽しむ子もいる。「自分が描いたものがデジタル機器の画面で動くと、子どもたちは喜び、そこから興味が湧いて余暇活動の広がりへと結びつくのではないか」。そういった思いで取り組んだ実践の一つを紹介する。

使用するツール・支援のポイント

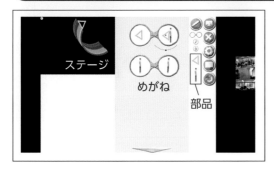

【Viscuit】

　ビジュアルプログラミング言語アプリ Viscuit では、簡単な操作で絵を描くことができる。さらに、描いた絵を使って、画面右側の「めがね」と呼ばれるプログラムを組み合わせることで、画面左側のステージ上で、絵に動きを加えることができる。シンプルな部品を Viscuit で描き、プログラミングによって動きを付け、その軌跡を残していくことで、描いた部品が幾何学的に動いてきれいな模様を描く。部品が動く速さや角度などを変えることで、全く異なる模様ができあがる。なお、本実践は、合同会社かんがえる主催の五十嵐晶子氏のワークショップ実践「Viscuit できれいな模様を描こう」を参考にした。

【Zoom Cloud Meetings】

　実践に取り組んだ 2020 年は、新型コロナウイルスによる影響を大きく受けた年である。感染拡大防止のため、ソーシャルディスタンスを保つことを前提とした教育活動が求められた。その中で活躍したアプリがオンライン会議システムである「Zoom Cloud Meetings」（通称：Zoom）である。

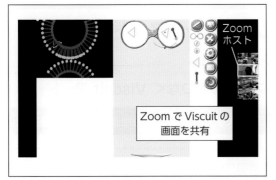

ZoomでViscuitの
画面を共有

Zoomを使うと、端末を持ったもの同士が、各端末のカメラレンズやマイク・スピーカーを介してコミュニケーションができる。そのため本実践では、別室にいるメインティーチャーがZoomのホスト（配信元）となり、ゲスト（配信先）の各教室のテレビに操作画面の手本を映す（サテライト形式）ことで、具体的な操作を示したり、各クラスの様子の友達の様子を共有したりするのに役立った。

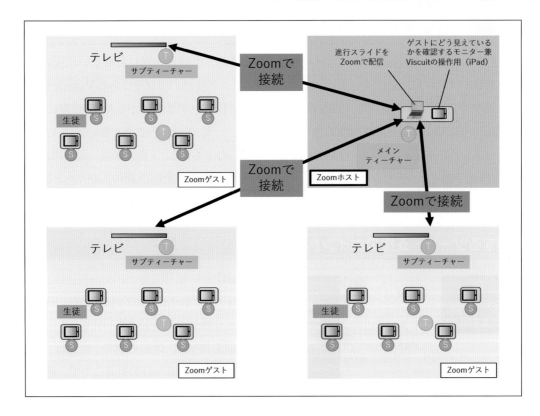

【フラワーズボミングホーム
（Webブラウザ「Safari」／YouTube）】

https://flowers-bombing-home.teamlab.art/jp/

　第1次で活用したフラワーズボミングホームは、チームラボが作成したWebサービスである。印刷した指定の用紙に描いてある花の絵を塗り、それをタブレットのカメラで撮影してサーバーに送ると、数分後自動的にチームラボのYouTubeチャンネルに自分の塗った絵が映し出され、花弁が散っているアニメーションを見ることができる。実世界の色塗りと、デジタルの世界をつなぐイメージをもって、第2次に臨むために活用した。

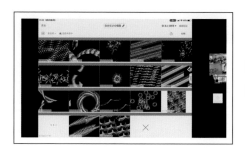

【ロイロノート・スクール】

　授業支援クラウド「ロイロノート・スクール」は、各生徒が作った模様をネットワーク上で一度に共有するために活用した。

生徒の実態

・知的障害や発達障害のある中学部1〜3年の全生徒18人である。障害程度は重度・中度・軽度と多様であるため、障害程度を考慮した教員の支援体制を取っている。

・各教室に設置してある大型テレビを使った授業が日常的にあるため、ICT機器に活用した授業に慣れており、興味を持っている生徒が多い。

指導計画

次・時数	学習活動内容
第1次 （1.5 時間）	色鉛筆で色を塗ってみよう 〜フラワーズボミングホーム〜
第2次 （1.5 時間）	自分だけの模様を描こう 〜 Viscuit を使って〜

（全3時間）

授業の流れ

	本時の展開	指導上の留意点
導入	①これまでの復習をする。	●メインティーチャーは別室から Zoom で進行スライドを配信し、サブティーチャー（担任）は各教室で直接生徒を支援する。
展開	② Viscuit の説明を聞き、操作する。 ●ボタンの意味 ●色の種類（色相）、明るさ（明度）、鮮やかさ（彩度）、太さ、透明度 ●めがねの操作	●各教室のテレビに、Viscuit の操作画面を大きく提示し、手本を示し、手順を区切りながら、一つ一つ確認して進める。
展開	③ Viscuit で動く模様を描く。 ●描画 ●画面のキャプチャ	●支援度の高い生徒については、サブティーチャーがマンツーマンで操作の支援を行う。
展開	④ 自分以外の完成作品を見る。 ●ロイロノート・スクールで共有	●ロイロノート・スクールの画面をテレビに一覧で映したり、作品毎に映したりする。
まとめ	⑤ 本時の振り返りをする。	●友達の絵や動きと、自分のものを見比べながら進める。

実践を振り返って

　美術は、実技教科であるため、オンラインでの学習は難しいと当初予測していたが、いざ実践してみると、生徒は大変積極的に取り組んでいた。授業進行役のメインティーチャーが示した実演が映像としてテレビにリアルタイムで投影されたこと、それを受けてサブティーチャーが生徒の間近で実技指導できたこと、デジタルなのでやり直しが容易であること等のプラス要因が噛み合って、生徒の意欲を引き出していた。見せるべき箇所を焦点化できるオンラインの強みは、コロナ禍が落ち着いても活用していきたいと思う。

　今回活用した Viscuit の「めがね」は、レンズ左側が「現在」で、右側が「未来」を示しているともいえる。そこには順序性があり、「これ（現在）が、こう（未来）なる」ことを、「めがね」というシンプルな仕組みで表現された Viscuit は、非常にシンプルに論理的思考の場面を設定でき、表現も可能である。また、別の「めがね」を配置することで、「この場合は、これ（現在）が、こう（未来）なる」という場合分けも表現できる。

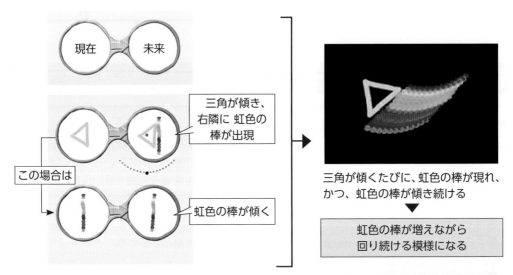

　今回の作品は、写真一覧にして熊本市現代美術館での作品展で展示した（図1参照）。

　コロナ禍を受け、展示の様子を校外学習で見に行くことは叶わなかったが、来場した一般の方だけでなく、美術館のホームページに紹介される等、社会へ広く発信することができた。

図1　作品を美術館に展示

【特別支援学校　中学部】

| 職業・家庭（情報） | 「車いす衝突防止機能」
～プログラミングで身の回りの問題を解決しよう～ |

東京都立青峰学園　滑川真衣

学習目標
○日常生活の中で、プログラミングがどのように使われているかを知る。
○自分が直面している問題の解決策を考え、解決に向けて試行錯誤する。
○プログラミングを通して、自分の生活をよりよくしようとする態度を養う。

　本実践は、電動車いすを使用する生徒からの、バックをする際に後ろがよく見えなくて不安、後ろに人がいることに気づかず衝突事故を起こしそうになったという声から生まれた授業である。「micro:bit」と超音波センサーを組み合わせ、ある一定の距離で障害物を感知すると、アラームが鳴るという仕組みを作った。日常生活とのつながりを意識したり、課題解決の必要性を感じたりすることができるよう題材を設定した。また、生徒の実態に応じて、プログラムを一から自分で組む、ヒントを与えていくかの命令を組み合わせる、数値の試行錯誤をメインで行う等、プログラミングの過程は、個に応じた学習活動で授業を展開した。

使用するツール・支援のポイント

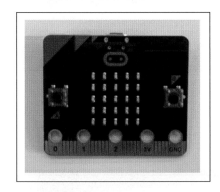

【BBC micro:bit】

　BBC micro:bit（マイクロビット）は、イギリスの公共放送局「BBC」が開発した教育用の安価で小さなコンピュータ。クレジットカードよりやや小さいサイズの基板に、LED やセンサーなどさまざまな機能が搭載されている。イギリスをはじめ多くの国の子どもたちが BBC micro:bit でプログラミングを学んでいる。BBC micro:bit には温度センサーや加速度センサー、コンパス、無線通信機能など、小さな本体に多くの機能が搭載されていて、段ボールやペットボトルなどで作った工作作品に、心臓部として BBC micro:bit を入れることで、工作作品を動かすこともできる。BBC micro:bit でプログラミングを学ぶには、BBC micro:bit 本体、プログラムを書くためのパソコンのほか、両者をつないでデータ転送するケーブル、またパソコンに繋がずにスタンドアローンで動作するようにするためには電池ボックスが必要。また、音を鳴らすにはスピーカーとワニ口クリップなど、用途に応じた周辺機器等を使用する。

引用：小学校を中心としたプログラミング教育ポータル　https://miraino-manabi.jp/content/283

【超音波センサー】

音波で物体との距離を感知することができる。使用する際は、高度なブロックの中にある拡張機能「grove」を使う必要がある。

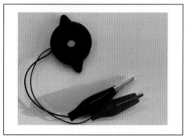

【圧電スピーカー】

圧電スピーカーをワニ口クリップで本体に接続することで、音を鳴らすことができる。2020年11月以降に発売されているmicro:bit v2.0を使用する場合は、スピーカーが内蔵されているので、圧電スピーカーを使用する必要はない。

【micro:bit iOS アプリケーション、電池ボックス】

micro:bitをマイクロUSBでパソコンと接続してプログラムを書き込んでいくが、パソコンの使用環境の制限があったため、micro:bit iOS アプリケーションを活用した。タブレット端末にBluetoothで書き込みができる。タブレット端末でプログラムを組めることや無線でデータを送ることができることなど、iOS アプリケーションを活用することのメリットも大いにあった。Androidにも対応している。

生徒の実態

・肢体不自由教育部門中学部の知的障害を併せ有する生徒の教育課程。
・小学校中学年程度の学習を行っている。
・学習した内容を生かし、日常生活の中でタブレット端末を活用することができる。
・簡単プレゼンテーションのスライド制作、動画編集、音楽編集などができる。

指導計画

次・時数	学習活動内容
第1次（1時間）	問題の発見、解決の手立て
第2次（2時間）	プログラムを組む、日常生活場面での検証、改善
第3次（2時間）	専門家へのインタビュー、実験
第4次（1時間）	日常生活場面での検証
第5次（2時間）	まとめ

（本時　4～5／8時　2時間続きで授業を行う）

授業の流れ

	本時の展開	指導上の留意点
導入	①前回授業の振り返り ●前回組んだプログラムを発表する。 	●プログラムについて説明させ、これまでの学習内容を振り返ることができるようにする。
展開	②専門家へのインタビュー ●自動車メーカーの方に、自分たちの組んだプログラムについて説明する。 ●助言をもらう。 	●前回までに作成したまとめを元に、自分の考えを効果的に表現できるようにする。 ●自動車の衝突防止にも同じような機能が使われていることを説明してもらう。 ●安全に関わるので、製品を作る際のプログラムは、実験などで得られたデータ等の根拠が大切であることを説明してもらう。
展開	③実験 ●問題点を挙げる。 ●仮説を立てる。 ●実験する（危ないと言われてから停止できるまでにどれくらい進んでしまうかを確かめる）。 	●製品を作る際は、何度も実験を行っていることを説明する。 ●実験の際は、安全に十分配慮して行う。
まとめ	④まとめ ●本時のまとめをする。 ●次回の授業内容を確認する。	

実践を振り返って

　本実践では、生徒たちが実際に困っている問題をテーマにし、解決できるような授業設計を目指した。身近なテーマを扱うことで、問題を自分のこととして捉え、解決したいという意欲を引き出すことができた。

　生徒の実態から、プログラムを一から組むのではなく、基本的な設計がされたプログラムに具体的な数値を入力し、それを改善していくところに焦点を当てた。具体的には、超音波センサーが反応する距離や、アラームの音の高さについて、検証を通して適正な数値を設定した。プログラムを検証するにあたっては、生活の中での動きを振り返った。例えば、昇降口の出入りや、車いすの移乗など、狭い場所での動きを中心にシミュレーションすることとした。超音波センサーは、初め車いすの上部に取り付けた。しかし、実際に検証を行う中で、背の低い障害物に反応しないことに生徒が気づき、取り付ける位置を下部に変更した。センサーが反応すると鳴動するアラームは、様々な高さの音を繰り返し聞き、高い音に注意が向きやすいと分かった。

　当初、センサーが感知する障害物との距離を感覚で決めていたが、自動車メーカーの方へのインタビューの中で、なぜその距離にしたのかと問われたときに答えることができなかった。この問いに答えるために、生徒たちは、危ないと言われてから停止できるまでにどれくらい進んでしまうかを確かめる実験をすることにした。どうしたら安全性の高いものになるかを話し合い、試行錯誤を重ねて問題を解決していくプロセスを経験できた。

　また、プログラムを説明する活動にも力を入れた。初めは、空欄に数値をやみくもに入力していただけであったが、試行錯誤を通して、プログラムについて詳細に説明できるようになっていった。一つ一つのブロックの役割について説明したり、なぜその数値となったかを検証結果を根拠にして説明したりする事ができるようになった。

　授業のまとめでは、生徒から人が近づいたときにアラームが鳴るというようにも応用できるこの機能を、後ろから不審者が近づいてきたときやソーシャルディスタンスを守るためなど他の場面でも活用できるとの意見が挙がった。また、次は温度センサーを使って熱中症予防アラームを作ろうと生徒が発言するなど、プログラミングを活用して問題解決しようとする意識の変化が見られた。

【特別支援学校　高等部】

| 家庭 | 快適な生活空間を考えよう |

北海道美深高等養護学校　加藤章芳

| 学習目標 | ○快適に生活を送るために、部屋の適切な温度や湿度を知る。
○ micro:bit の温度センサーを使い、自分のいる教室空間は快適かどうかを測定する。
・最初は数字で部屋の温度を micro:bit 上に表すことで、基本的なプログラミングの方法を学ぶ。
・その後、温度が快適かどうかを LED に顔文字で表現して、より伝わるものに工夫していく。 |

　本実践では、1時間目に「快適な生活を送るための温度や湿度」について学習を行い、教室にある温度計を使って、現在の教室空間が快適な温度や湿度にあるかどうかを学習した。教室環境が快適な生活空間になっているのかを考えるきっかけをつくり、日常の生活空間に関心を向けることをねらいとした。

　さらに、快・不快を表現するために、micro:bit の LED 表示を使って顔文字を作り、プログラムに反映させるようにした。

使用するツール・支援のポイント

【micro:bit】

　本実践では、スイッチサイエンス社が発売している micro:bit を使用した。

※写真は電池ボックスまで含めているが、実践当時は電池ボックスが無かった。電池ボックスがあると便利さが増すと考える。

【パソコン】

　本校ではタブレット端末が生徒数に対して不足しているため、パソコンを使用して行った。

※本校では、標準でワイヤレスでつながるパソコンを準備することできないため、子機を接続してネットがつながる環境を確保している。

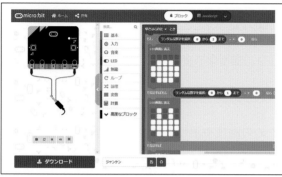

【MakeCode サイト】

　本実践では、ビジュアル型プログラミング言語を活用した。

※micro:bit 本体が無くても、シミュレーターを活用して動作を確認することができるが、本体まで用意するとより生徒の興味関心を引くことができるものとなった。

生徒の実態

・高等部3学年の生徒5名。
・数値の大小は理解できる生徒。
・パソコンについては扱った経験があるが、作文などでの文字入力が中心。
・授業の中でプログラミングを扱うは初めての体験。
・日常から、スマートフォンやタブレット端末を使っており、デジタル機器に対してはとても興味を持っている。

指導計画

次・時数	学習活動内容
第1次 （1時間）	**快適な生活空間を知ろう！** ・季節によって、快適な温度や湿度を知る。 ・micro:bit の基本操作を知ろう！
第2次 （本時：1時間）	**micro:bit でデジタル温度計を作ろう！** ・温度センサーを使ってみよう！

（全2時間）

授業の流れ

	本時の展開	指導上の留意点
導入	①始業のあいさつを行う。	●あいさつをするように生徒を促す。
	②前回の復習を行う。 ●快適な部屋の温度について	●前回の簡単な復習をする。 　快適な部屋の温度と湿度について確認する。
展開	③本時の予定を知る。 ●今日の教室の温度を測定する。 ● micro:bit を温度計にしてみよう！	●教室の温湿計を使って、今日の温度と湿度を 　ワークシートに記載するように伝える。
	④教師の手本を見る。	●実際に、プログラムされた micro:bit を提示し 　て、教室の温度と LED の顔文字を動かして見 　せる。
	⑤ micro:bit を使う準備をする。	●パソコンを用意し、MakeCode のサイトを開 　いて、micro:bit へのプログラミングができる 　準備をする。
	⑥教師と一緒にプログラムに取り組む。	❶各自プログラミングに取り組むように促す。 ❷プログラミングの手順を大型ディスプレイで示 　す。
	⑦ micro:bit の LED に温度が表示される 　ようになったら、LED に顔文字を組み込 　むようにする。	※適宜、シミュレーターで動作を確認しながら 　進める。
	⑧出来上がったプログラムファイルをダウ 　ンロードする。	●プログラムが組み上がったら、ファイルをダウ 　ンロードするように伝える。
	⑨保存先から、micro:bit へダウンロードし 　たファイルを転送する。	●ダウンロードしたファイルの保存先の探し方や 　ファイルの転送の方法を伝える。
まとめ	⑩ micro:bit の動作を確認する。 ⑪次回の予告、あいさつを行う。	●適切に温度表示がされているかや LED の表示 　がされているか、わからないところを周りと協力 　しながら、解決する方向へ向かうことができた 　かの評価をする。

実践を振り返って

　生徒たちは、自分がプログラムした micro:bit が自分の指示した通りに表示されることに興味をもつことができた。教師の手本と見比べたり、教師の全体説明でついていけない場合は、近くの生徒と相談をして、課題解決へと向かうことができた。

　本校では、これまでプログラミングを行う場合は、2 次元的なプログラミングツール（Scratchなど）を使用し、ディスプレイなどで表示されるサイトの活用が主流であったが、シミュレー

ター上だけではなく、プログラムしたファイルを書き込むことのできる micro:bit を活用することで、実際の温度を LED で表示できたり、それを顔文字で表現したりする体験ができた。ビジュアル型のプログラミング言語は、テキスト型よりも取り組みやすく、各ブロックの意味を指導者が理解して、基本的な動作を示すことができれば、生徒は時間いっぱい集中して取り組むことができるとともに、デジタルに興味のある生徒であれば、さらに自らのオリジナルを加えていくこともできるのではないかと考える。

　本実践では、電池ボックスを準備できていなかったが、micro:bit をよりコンパクトに持ち運びができる電池ボックスを活用することで、部屋の位置によって温度が変わってくることを体験できたのではないかと考える。この単元の従前の展開では、教室で実際の温度計や湿度計を表示し、それが快適と言われる温度や湿度になっているのかなどを考えたり、教師が提示する資料とを見比べて判断したりするなど、教師が知識を伝達することが中心になりがちな授業であることが多かった。プログラミングで温度計を作成することで、進度の早い生徒が進度の遅い生徒のサポートをしたり、教室空間でも、場所によって温度が違うことなどを見つけることができるようになり、さらに LED で顔文字を使った表現を用いることで、感情的にも伝わりやすい表現になったと考えている。

【特別支援学校　高等部】

| 職業 | マインクラフトをプログラミングして
昔話アニメ動画を作って世界に発信しよう！ |

埼玉県立特別支援学校さいたま桜高等学園　関口あさか

学習目標

みんなで決めたルールや自分の役割を意識して、役割を遂行し、達成する経験を
する。
・自分の意見を伝えたり、相手の意見を聞き入れたり、お互いの苦手なところを責めずに
　フォローし合う力を高める。
・プログラミングと動画作成を通じて、作品を見る人（英語圏の人を含む）のこと考え、
　見やすさやわかりやすさを意識して表現する。

　本校は比較的軽度の知的障害のある生徒が在籍し、一人一人の夢の実現と適正就労 100％を目
指す特色のある学校である。就労生活を営む上で必要な知識・技能を身に付けることも重要として
おり、本実践においてもプログラミングや表現活動を通して、それらの力を身に付けることを大事に
した。

　本実践では、生徒に人気で、建築物等を自由に作成したりできるだけでなく、プログラミングもで
きるマインクラフト（※ Minecraft Education Edition）を用いた。興味関心を高めつつ、仕事の一
環として、動画の構成を考える→昔話の世界の建築物を作成する→撮影シーンを考える→撮影する
過程を、相談・協力・連携・試行錯誤しながら進めた。

使用するツール・支援のポイント

【教育版マインクラフト※ Minecraft Education Edition】

　Microsoft が販売している「教育版マインクラフト」を使用
した。

　「クリエイティブモード」では、様々な素材の1㎥のブロッ
クを積み重ねることで、自由に地形や建築物を作成できる。

【MakeCode】

　Microsoft が公開している、micro:bit やマインクラフトな
どをプログラミングすることができるオープンソースのプログ
ラミング学習プラットフォーム。ブロックを使ったビジュアル
コーディングと JavaScript によるテキストコーディングの2種
類でプログラミング可能。

【昔話選定 & 役割分担シート & 動画撮影のための シーン作成シート】

コミュニケーションに課題がある生徒が多いため、話し合うポイントや項目を提示することで、円滑に話し合いや役割分担ができるようにした。

映像化するにあたり、『誰が』『どこで』『何をしている』場面なのかを整理し、シーンごとに具体的に何を表現するのかまとめられるようになっている。

このワークシートは右の QR コードのリンクからダウンロードできるように無料公開している。©Asaka Sekiguchi

※今後も公開予定ですが、事前の予告なく公開を停止する場合があります。

【Adobe Premiere Pro】

動画編集はパソコンに慣れた生徒も多かったため Adobe が販売している「Adobe Premiere Pro」を使用した。映像や音声などを細かく編集でき、書き出しも様々な形式で書き出せる。

左の写真は、単焦点プロジェクターでスクリーンに映し出し、みんなで編集画面を確認している様子。

生徒の実態

軽度知的障害のある生徒 10 名。コミュニケーションや人間関係に課題があり、自分の思いを伝えたり、また相手の意見を受け入れることが難しかったり、協力して遂行することが苦手な生徒が多い。

指導計画

次・時数	学習活動内容
1次（2時間）	**ミッションの確認 & マインクラフトに慣れよう！** ・今回のミッション（昔話再現動画をグループごとに作成する）を確認し、クリエイティブモードで住んでみたい家など自由に作成する。 ・MakeCode を使って、集合地点にコマンドを使って集合したり、建物を建てるプログラミングを考えて実行したりする。
2次（1時間）	**昔話・建築物・担当者を班ごとに決めよう！** ・ワークシートを使って、どの昔話にするのか、昔話の世界を再現するためにどの建物を誰が作成するのか決める。
3次（2時間）	**いざ、建築！** ・「他人の建築物は勝手に壊さず許可をもらってから」など、ルールを考える。 ・マルチプレイで同じワールドに入り担当の建築物を建築する。

4次（1時間）	**シーンを考えよう！** ・ワークシートを使って、撮影するシーンを班ごとに考える。
5次（5時間）	**撮影開始 & アテレコ & 動画編集** ・シーンごとに撮影を開始する。
6次（2時間）	**発表会と YouTube で作品公開 & 振り返り**

（全13時間）

授業の流れ

	本時の展開	指導上の留意点
導入	①前回作成したシーンの細かな設定を確認し、撮影分担を決める。 ● iPad を使った撮影方法や、撮影係、よーいスタート & カット！を出す係、マイクラの画面を操作したり、コマンドを実行したりする係を分担する。	●ある一つの班の前回作成した各撮影シーンを考えたワークシートを例として示し、シーンごとの内容や具体的にどのように分担を決めて撮影するか示す。 ※当時学校の PC は画面録画ソフトなどが使えなかったため、iPad で PC の画面を撮影した。 ※ PowerPoint の画面録画機能が使えればおすすめ。
展開①	②初めのシーンから順番に撮影する。 ●動きやコマンドの確認などリハーサルをしてから、撮影する。 ●自分の役割を遂行する。 ●困った際やトラブルになった際には、どうすれば解決できそうか意見を伝えたり、相手の意見を聞き入れる。 	●単焦点プロジェクターで PC の画面を大型スクリーンに映し出し、撮影や編集画面が見やすくなるようにする。 ●シーンごとに撮影が終わった時とトラブルが解決できない時には報告するように伝える。 ●すぐに解決法を提示せず、「どうすれば解決できる?」などなるべく生徒に尋ね、生徒の考えを拾い、自分たちで解決できたと感じられるようにする。
展開②	③撮影したシーンを編集する。 ● Adobe Premiere Pro を使って、メンバーで相談し合いながら、各シーンを編集してつなげていく。 ●編集し終えたら一度全部初めから再生させ、最終確認をする。	● Adobe Premiere Pro の使い方の見本を示しながら説明する。 ● Adobe Premiere Pro の使い方を示したマニュアルを配布し、いつでも確認できるようにする。
	④各シーンのセリフを考える。 ●映像に合わせてセリフを考える。 ●インターネットや絵本などで昔話を調べ、具体的なセリフを作成する。	●セリフを調べる方法を生徒たちに尋ね、自分たちで調べるように促す。

展開③	⑤セリフを吹き込む。 ●臨場感があり、見る人がわかりやすいセリフについて考える。 ●誰がどのキャラを演じるか分担を決め、動画にセリフを録音する。	●声優のアニメ動画を見せ、臨場感のあるセリフやナレーションの特徴を考える時間を取る。 ● iPhone や iPad のボイス録音アプリなどで録音する方法を示す。
まとめ	⑥音声データを入れ、動画を仕上げる。 ●前回撮った音声データを動画に入れ、動画を仕上げる。 ●おかしいところがないか最終チェックを行う。	● Adobe Premiere Pro での音声編集の手順を例示する。 ● Adobe Premiere Pro の使い方を示したマニュアルを配布し、いつでも確認できるようにする。

【本実践で作成した動画】

今回の授業で生徒が実際に作成した『三匹のこぶた』の映像は右のQRコードから見ることができる。

https://www.youtube.com/watch?v=ItW1HwOIZGo

実践を振り返って

　今回はルールを生徒同士で事前に決め、グループの仲間と協力しながら各ミッションを遂行していった。マインクラフトを活用したことで、生徒の学習意欲も非常に高く、やり遂げたいという強い思いを持って取り組んでいた。

　しかし、『勝手に他の人の作成した建築物を壊す』、『自分の思いだけを通そうとして喧嘩になる』などコミュニケーション面でのトラブルが起きた。その都度、『壊されてどう感じたか』など相手がどう感じたのか共有したり、『実際はどうすればよかったのか』考えたりする機会を取ったことで、コミュニケーションや人間関係の課題に向き合い、解決していく過程を多く経験できた。また、アテレコは得意、動画編集は得意、プログラミングが得意など、自分や相手の得意な力を生かしたり認め合ったりする場面が多くあり、友達の新たな一面にも気づけたと感想を書いた生徒もいた。

　プログラミング経験に関しても、特に撮影の際にTake 2以上になると、何度も同じ動きや同じ個所に集合し直す必要が出てきたが、コマンドを使うと簡単に再現ができるので、プログラミングならではの再現性の手軽さや便利さを生徒が感じている様子が見られた。

　学習の中で、好きなこと、関心があることを用いること、一人では難しいことも協力して成し遂げる経験をすること、そしてできた作品を多くの人に知ってもらい評価される経験ができた点が生徒たちにとってプラスに働いたと考えられる。

　今回のように『映像などの作品』や『表現』は障害や国境などの障壁を簡単に超えていく可能性を感じている。今回の映像づくりの中で、アフレコも英語でも行い、海外の方にも発信でき、生徒の海外への関心も高めることができた。

【小学校　特別支援学級】

| 外国語 | # 道案内をしよう！ |

姫路市立豊富小中学校 自閉症・情緒障害特別支援学級　松本大樹

学習目標

○目的地への行き方を英語で尋ねたり言ったりする表現に慣れ親しむ。
○アルゴリズムカードを使ってロボットを目的地まで進めることができる。
前進（GO STRAIGHT）、右折（TURN RIGHT）、左折（TURN LEFT）のカードを組み合わせてロボットに読み込ませることで目的地までの道のりを考えていく。【順次処理（シーケンス）】

　本実践は、True True を使って第5学年の外国語「道案内をしよう」の学習を進めていくものである。プログラミング教材のひとつである本教材については自立活動「思いを伝えよう！ True True と仲良くなろう」の学習で主にアンプラグドモードでの操作法について学びを深めてきている。児童は「START」と「END」の間にカードを読み込ませることでロボットが動くということを理解し、マス目シートを使って、目的地まで数枚のカードを読み込ませてロボットを進めることができるようになった。また、絵カード交換式コミュニケーションシステム（PECS®）の学習と組み合わせることでコミュニケーションブックを使って「STARTください。」と要求する練習を行い、主体的に活動を進める機会にもなった。そこで、自立活動での学びを教科の学習に活かしていきたいと考え、「プログラミング教育の手引（第3版）」におけるB分類（学習指導要領に例示されてはいないが学習指導要領に示される各教科等の内容を指導する中で実施するもの）での実践を進めることにした。本稿では特別支援学級児童の中でも上記のPECS®の学習を行っている児童1名の個別の教科の時間での実践を報告する。もともと英語に興味のある児童だったため、動機付けがしやすく、やりとりを楽しみながら学習を進めることができた。

使用するツール・支援のポイント

ミンナヨロシクネ
（みんなよろしくね）

【True True】

　本実践では、ケニス株式会社が発売している「True True」を使用した。カードを口元に読み込ませて動かす矢印カードモードの方法を使って学習を進めた。

【マス目シート】

　True True の動く距離に合わせて作ったマス目シートを使用した。例えば「↑」のカードを一枚読み込ませると1マス分前に進む。このマス目の上に場所を表す英単語カードを置くことで目的地とする。目的地までどのようにロボットを進めたらよいかを考えていく。

【PECS® コミュニケーションブック】

　本実践の前段階となる自立活動「思いを伝えよう！ True True と仲良くなろう」ではこのような形のコミュニケーションブックを使って要求する練習を行いながらプログラミング的思考を深めていくことができた。また今回は英会話との内容をリンクさせるため「↑」のカードの表記を既存の「MOVE FORWARD」の表記から「GO STRAIGHT」に変更し使用した。

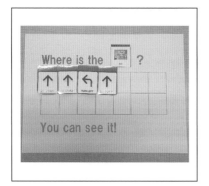

【ワークシート】

　定型文を提示し、やりとりを視覚化した。尋ね役（True True のお面を被る）と案内役に役割分担し、やりとりを楽しみながら繰り返した。選んだカードを枠に並べていき、最後に読み込ませることで目的地までたどり着くかを確認した後「You can see it!」でやりとりを終えるようにした。楽しい雰囲気で達成感を共有することで児童の笑顔が見られた。

児童の実態

・自閉症・情緒障害特別支援学級に在籍する5年生児童。
・英語に興味があり、気に入った単語のスペルや発音は教師と一緒に練習するとすぐに覚えられることが多い。
・PECS® はフェイズ5まで進んでおり、現在フェイズ6の課題に取り組んでいる*。
＊PECS® の詳細はピラミッド教育コンサルタントオブジャパン（www.pecs-japan.com）を参照。

指導計画

次・時数	学習活動内容
第1次 （5時間）	矢印カードを使ってゴールまで進ませよう （自立活動）
第2次 （2時間・本時）	道案内をしよう （外国語）

（全7時間）

授業の流れ

	本時の展開	指導上の留意点
導入	①始まりのあいさつをする。	●授業の始まりを意識させる、本時の学習について説明する。
展開	②ゴールまでロボットを進める。（復習）	●True True の動きの確認をできるように自立活動で取り組んだ課題を行い、本時の学習の流れを作る。
	③道案内に関する英語を確認する。 ● GO STRAIGHT ● TURN RIGHT ● TURN LEFT	●アルゴリズムカードを使って、3つの英語と日本語の意味をマッチングした後、True True を実際に動かすことでより具体的な理解を図る。 ●発達レベルから「at the first corner」や「on your left」等の表現は今回取り入れずに3つの英語だけを取り上げて行う。
	④英語で道案内をする。 ●尋ね役（True True お面） ●案内役	●場所カードをマス目シートに置き目的地を明確にする。 ●ワークシートを使って、読み込ませるカードを並べられるようにしたり、英語で道案内をする際の視覚支援としたりする。
まとめ	⑤終わりのあいさつをする。	●授業の終わりを意識させる。

実践を振り返って

　True True を本校に導入したのは2019年度の10月頃であった。2019年度においては、2020年度から本格的に始まるプログラミング教育に向けての準備のひとつとして「とにかくやってみよう！」という考えのもと、矢印カードモード、ライントレースモード、方眼モード、ハンドコントロールモードなど様々な方法でロボットを動かしていく中でプログラミング的思考を高めてきた。自立活動のC分類（教育課程内で各教科とは別に実施するもの）と

して上記の実践を土台にし、今回の外国語のようなB分類として教科の学習で実践を積み重ねることができたのは大きな成果になったと考える。本実践では、True True の操作方法の中でも矢印カードモードを使って学習を進めたことで、児童にとっても楽しく分かりやすくシーケンスの考え方を深めることができた。また学習後も、覚えた英語のフレーズを言って教師に応答を求めたり、「どこですか、します。」（児童の True True をしたいという意味の要求）と本実践で行った学習をしたいという

気持ちを伝えたりする姿が見られるなど、プログラミングを活かして外国語での学習を通して児童の主体性を促すことができた。外国語科の目標の一つである「主体的に外国語を用いてコミュニケーションを図ろうとする態度を養う」ことに迫るきっかけを作れたのではないかと考える。今後も各教科の学習内容に合わせて子どもたちに馴染みのある True True を使って、学習内容により深く興味をもたせたり、定着を図る一助にしたりと効果的にプログラミング教育を日々の学習に関連させていきたい。

本校ホームページでも本実践の様子を紹介しています。是非ご覧ください。
QR コードを読み取るとホームページにアクセスできます。⇒

【特別支援学校　高等部】

| 総合的な
学習の時間
（パソコンクラブ） | # プログラミングでサッカーをしよう！ |

神奈川県立相模原中央支援学校　和久田高之

学習目標

○具体物（Sphero Mini）をプログラミングで操作することができる。
○トライ&エラーを繰り返すことを通して、課題を達成することができる。
○友だちと協力してプログラミングを行うことができる。
【本校の総合的な学習の時間「ぎんがタイム」のねらいを抜粋】
・興味関心のあることを思う存分やってみよう。どうやったら上手くいくか考え工夫しよう。
・興味関心のあることをいろいろな友達と一緒にやってみよう。協力してやってみよう。
・興味関心のあることを通して、いろいろな人と関わろう。世界を広げよう。

　本実践は、プログラミングツール（Sphero Mini）をサッカーボールに見立てて、フリーキックに模した活動を3人で行った。学年やクラスを越えた友達と関わりながらトライ&エラーを繰り返し、プログラミング的な思考を養うことを目的としている。

　授業前半は、Sphero Mini のドライブ操作を活用したレースを通して操作方法を確認したり、簡単なブロックプログラミングを活用したボウリングを通して数学的な考え方（例：距離＝速さ×時間）を学習したりした。授業後半は、ブロックプログラミングを活用したサッカーを行い、Sphero Mini をゴールに決める過程を通して、試行錯誤しながらプログラミング的な思考を養うことをねらいとした。

使用するツール・支援のポイント

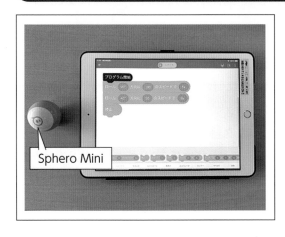

Sphero Mini

【Sphero Mini】

　Sphero Mini は、タブレットや PC（本実践は iPad を使用）等の端末と接続させて、端末から命令を出すことで動く球体のプログラミングツールである。

　「ドライブ操作」と「ドロー」「ブロック」「テキスト」の3種類のプログラミングができる（本実践は「ドライブ操作」「ドロープログラミング」「ブロックプログラミング」を使用）。

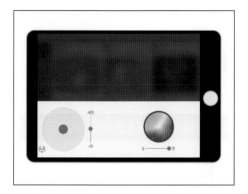

【「ドライブ操作」について】

　画面左の大きな円を動かして、Sphero Mini を前後左右に動かすことができる機能。

　Sphero Mini を操作する際、画面左下の「AIM」を用いて、端末と Sphero Mini をチューニングする必要がある。そのため、授業の前半で「AIM」活用の練習も兼ねてドライブ操作を活用したレース形式のミニゲームを行った。

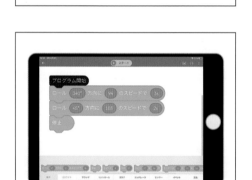

【「ドロープログラミング」について】

　画面に線を引くことで、線を引いた動きの通り Sphero Mini を動かすことができる機能。プログラムに文字や数字を使用しないので、直感的で分かりやすい。

　生徒にどのくらい左右概念や距離感覚の理解があるかを把握するために用いた。

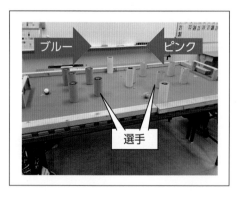

【「ブロックプログラミング」について】

　ブロックを組み合わせて、ブロックの指示通りに Sphero Mini を動かすことができる機能。Sphero Mini を動かす方向・スピード・進む時間をブロックの組み合わせで作成できる。

　生徒の実態に応じて、方向やスピード等を教員からアドバイスして、生徒が取り組みやすいようにした。

【プログラミングサッカー】

　制限時間内に何ゴール決められるかを競う形で、プログラミングサッカー（フリーキック形式）を行った。

　プログラミング経験のない生徒であったため、第1次は簡単なコース通りプログラミングする、第2次は友達同士で協力して、ゴールを決める、第3次は友達同士で対戦して、ゴールを決める、という流れにした。

生徒の実態

＜肢体不自由教育部門＞

【知的障害を併せ有する教育課程】高等部3年
・日常的にスマートフォンを活用しており、タブレット操作には慣れている。
・日常会話の場面において、教員や友達とコミュニケーションがとれる。
・方向概念を理解しており、四則計算ができる。グラフの読み取りの学習をしている。

【知的障害を併せ有する教育課程】高等部1年
・日常的にスマートフォンを活用しており、機器操作に慣れている。サッカーが好きである。
・日常会話の場面において、教員や友達と相手の気持ちを考えた会話ができる。
・方向概念を理解しており、四則計算ができる。数学に苦手意識がある。

【自立活動を主とした教育課程】高等部3年
・iPadやパソコン操作が好きであり、操作方法を説明するとひとりでできることが多い。
・日常的な会話（いつ・誰が・どうした等）を理解しており、2語文を話すことができる。
・方向概念は曖昧であり、10までの順序数は数えられるが、数字の大小は難しい。

指導計画

次・時数	題目	学習活動内容
第1次 （2時間）	プログラミングを やってみよう！	導入：カーレースをしよう（ドライブ） 展開：四角のコースを走ろう（ドロー・ブロック）
第2次 （3時間）	プログラミングで ゴールを決めよう！	導入：ボウリングをしよう（ドライブ） 展開：友達と協力してゴールを決めよう（ブロック）
第3次 （3時間・本時）	友達と試合を しよう！	導入：試合のルールを決めよう 展開：友達と試合をしよう（ブロック）

（全8時間）

授業の流れ

	本時の展開	指導上の留意点
導入	①始めのあいさつ ●リーグ"最終節"【友だちと試合をしよう】 ② Sphero Mini の操作方法の確認	 ● AIM の操作方法やブロックプログラミングの操作について発問して理解を確認する。
展開	③ルールを決める（△：教師指定／□：生徒指定） △試合時間は15分×2（前半・後半） △それぞれのチーム選手は4体 △ゴールを決められたら選手の移動ができ	●教師から基本的なルールを説明した後、生徒に細かいルールを追加するよう促す。 ●ルールが出てこないとき、教師は「○○のときはどうする?」と発問して確認する。 ●試合中に新しくルールが必要なときは、生徒に

展開	る □自分のチーム選手に当たったゴールは可 □相手のチーム選手に当たったゴールは不可 □教師からのアドバイスは一人3回まで	ルールを考えてもらうようにする。
	④作戦タイム（選手を配置する）	●手の届かない場所への移動は補助する。
	⑤前半戦開始 ⑥指定された位置からシュートを打つ （ブロックプログラミングでシュートを打つ） ⇒ゴールでない場合、指定された位置に戻り、プログラムを入力する（繰り返す） ⇒ゴールした場合、ゴールを決められたチームは選手を移動させる ※生徒A・Bは、コートの左右からシュート、生徒Cは、コートの中央からシュートすることとした。	●なかなかシュートが決まらないときは、教師からのアドバイスが必要かを確認する。 ●生徒の実態によって、ゴールまでの距離を調整する。
	⑦休憩・作戦タイム（選手を配置する）	
	⑧後半戦開始 ※前半と同様に行う	
まとめ	⑨結果発表 ⑩授業の振り返りを行う。 ⑪終わりのあいさつ	

※生徒A・Bは、『プログラミングでサッカーをしよう！』の全授業終了後、振り返り用のプリントを記入する。

実践を振り返って

　本実践は、生徒の関心の高いサッカーに見立てたゲーム性の強い実践であった。初めてのプログラミングであったが、トライ＆エラーを繰り返す中でポイントを掴み、ゴールを決めることができた。回数を重ねることで、教師に質問する回数が徐々に減り、ひとりで粘り強く取り組む様子が見られた。ゴールを決めたときは、どの生徒も満足そうな表情で声を出して喜んでいた。

　生徒からは、プログラミングサッカーに関して、生徒Aから「ボールの角度をゴールの向きに調整することやスピードを調整することが難しく、ゴールに入れることが難しかったが、みんなと楽しく話しながらできたので今年のぎんがタイムは楽しかった。」という感想があっ

た。また、生徒Bからは「プログラミングサッカーを通じて何度も挑戦していけるようになった。」という感想があった。

　生徒Cからは、回数を重ねるごとにできることが増え、「楽しかった。」という感想があった。

　プログラミングサッカーは内容が分かりやすく、ゴールまでの距離や選手の位置を調整することで実態に幅がある学習集団でも全員が主体的に、取り組むことができた。

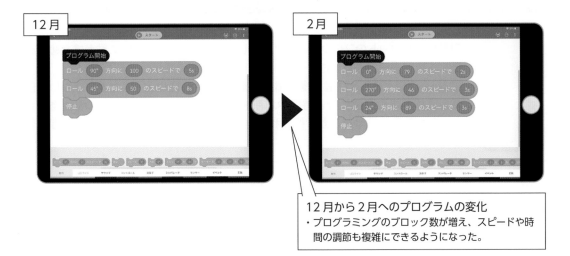

12月から2月へのプログラムの変化
・プログラミングのブロック数が増え、スピードや時間の調節も複雑にできるようになった。

総合的な探求の時間

自動車型プログラミングロボットで対戦しよう!

東京都立光明学園　禿嘉人

学習目標

○自動車型ロボットのプログラミングを通して、ロボットを意図的に動かすために必要な論理的思考力を身に付ける。

○ロボットプログラミング選手権に出場することで、普段は会うことができない全国の病気療養中の児童生徒と時間や場所を共有し、学ぶ楽しさ、人とつながることで得られる達成感やそこから得られる自己有用感を味わい、広い視野と広がる可能性を体感する。

　本実践では、ブロックプログラミングにより、自動車型ロボットを動作させる体験を通して、自分で意図した通りに実物を動作させるためのプログラミング的思考を養うことを目的としている。使用した教材の特徴は、ロボットによる相撲風の対戦ゲームを行うことができる点である。勝敗が明確に分かることにより、プログラムの改善を真剣に積み重ねることができるようになる生徒もいた。

※ロボットプログラミング選手権は、全国特別支援学校病弱教育校長会が主催する全国に73校ある全国特別支援学校病弱教育校長会加盟校に在籍する小学部児童及び中学部・高等部生徒を対象としたプログラミングコンテストである。事前に送付したプログラムのデータにより、自動車型のプログラミングロボットが、相撲風の対戦ゲームを実施する。大会の様子は、インターネット上のビデオ会議システムを用いて配信されるため、入院や治療などの状態により外出が困難な児童生徒も参加が可能になる。全国5地区で予選（地区大会）を行い、成績上位チームが全国大会に出場する。

使用するツール・支援のポイント

【プログラミング教材ロボット　プロロ（Proro）】

　本実践では、富士ソフト株式会社が発売しているプログラミング教材ロボット「プロロ（Proro）」を使用した。

　全国特別支援学校病弱教育校長会が主催するロボットプログラミング選手権で採用されている。

【プロロ本体】

単4乾電池2本で動作する自動車型ロボット。ラジコンのように外部から操作を行うのではなく、あらかじめ本体に転送したプログラムにより自律的に走行する。正面に設置された2つの対物センサ、床面に設置された白黒センサを用いて、ライントレースや障害物をよける等の動作が可能である。

【PC】

プログラムの作成は、一般的な WindowsPC で行う。生徒たちが普段使っている PC を利用できるため、障害に合わせた支援機器等を使っている場合でも環境を変えることなくプログラミングを行うことができる。

できあがったプログラムは、Wi-Fi もしくは USB ケーブルで本体に転送する。

【プロロメーカー for Windows】

プロロ専用のプログラミング・ツール（アプリ）で、Scratch に似たブロックプログラミングにより、プログラムを作成することができる。

難しいプログラミング言語を使わずにプログラムが作れることから、プログラミング的思考の育成に適している。

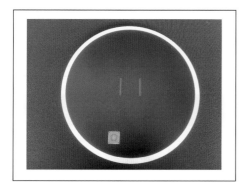

【プレイングマット・エンブレムシール】

自動車型ロボットの対戦は、円形の土俵風のプレイングマット上で行う。中央が黒、周囲が白に色分けされており、床面のセンサで土俵の端を検出することができる。

また、対戦相手のロボットと区別するために、自分でデザインしたエンブレム（自分のチームを表すシンボルマーク）のシールをロボットに貼ると対戦結果が分かりやすい。

【支援の実際：学習者の理解に応じたプログラミング】

　単純にロボットを走行させることから、相手の動作に応じて自身の動作を変化させるといった複雑な作戦を練ることもでき、学習者の理解に応じて様々な難易度でプログラムを記述することが可能である。

　また、生徒同士で練習試合を重ねることで、お互いにプログラムの改良が進み、切磋琢磨できる。

生徒の実態

・準ずる教育課程の高等部生徒8名。ICT活用に関する理解や興味については、非常に幅が広い集団である。
・PCの基本操作を理解し、日常的に活用している。
・プログラミングを体験したことがない生徒がほとんどだったが、ソフトウェアの基本的な使用法を理解することができた。条件分岐を使ったプログラミングについては、意図した動作にすることができなかった生徒もいた。
・一つのことを取り組むときに集中し続けることが難しい生徒もいたが、全員がプログラムを完成させて、校内予選に挑むことができた。

指導計画

・総合的な探求の時間に高等部1年生5名、3年生3名を対象に授業を行った。
・本単元は4時間を使い、第4次では、トーナメント形式による校内大会を実施した。

次・時数	学習活動内容
第1次（1時間・本時）	守りのためのプログラム（白黒センサを用いて土俵から落ちないようにするプログラム）の制作
第2次（1時間）	攻めるためのプログラム（対物センサを用いて敵を追尾するプログラム）の制作
第3次（1時間）	守りと攻めのプログラムを組み合わせ、改良を重ねる
第4次（1時間）	ロボットプログラミング選手権地区大会出場者を決めるための校内予選

（全4時間）

授業の流れ

	本時の展開	指導上の留意点
導入	①挨拶	
	②前年のロボットプログラミング選手権の映像を視聴し、大会の概要を知る。	●文書による説明だけでは、ルールの理解が困難な生徒もいるため、実際の全国大会の映像を使ってルールや雰囲気が分かるようにする。

展開	③プロロ本体を用いて、センサの位置などを確認する。	●理解を深めるため、実物を使って、確認を行う。
	④プロロメーカーにより、前進、停止を繰り返すプログラムを制作する。	●初めてプログラミングを行う生徒もいるため、難しい用語を使わず、丁寧に時間をかけて進行する。
	⑤前進と方向転換を繰り返し、多角形を描くように走行するプログラムを制作する。	●生徒が戸惑うことがないよう、プロロを走行させる机の素材などによっては、厳密な角度や距離通りに走行するわけではないことを事前に伝えておく。
	⑥白黒センサを用いて、床面の色が変わったら方向転換するプログラムを制作する。	●初学の生徒にとっては、やや難しい内容であるため、手本となるプログラムを事前に用意しておき、必要に応じて生徒に提示する。
	⑦土俵からプロロが落ちないプログラムを制作する。	●プログラムのパラメーターを少しずつ変化させて、自分の考える動作に近づけられるよう支援する。
	⑧土俵からプロロが落ちてしまった場合、どのようにすれば落ちなくなるのか考え、プログラムの修正を重ねる。	●プログラムの修正がうまくいかない生徒については、自分のプログラムを修正するだけでなく、友達のプログラムの良いところを参考にするよう促す。
まとめ	⑨本時の振り返りを行う。	●生徒たちが自信をもって取り組めるよう、作ったプログラムの良いところを中心に評価する。
	⑩次回の授業内容を予告する。	
	⑪挨拶	

実践を振り返って

　生徒たちは、自動車型ロボットが自分のプログラム通りに動くことに興味をもって、自主的に取り組むことができた。PC の画面内で完結するのではなく実物が動くことによって理解が深まり、ロボットプログラミング選手権大会全国大会に出場して他校の児童生徒と交流をするという目標があることで、トライアンドエラーを粘り強く繰り返すことができた。

　本実践の特徴は、勝敗が明確に分かる相撲風の対戦ゲームを行える教材を使用したところだと考える。対戦内容や結果によって、自分の工夫や努力が目に見える形で生徒にフィードバックされることから、PC の操作に苦手意識のある生徒も、授業に対するモチベーションを高めながら取り組むことが可能であった。

情報	# 卒業に向けてメッセージボードを作ろう 〜「micro:bit」で気持ちを伝えよう〜

富山大学人間発達科学部附属特別支援学校　藤林謙太

学習目標	○かなまたはローマ字で入力し、タッチやドラッグなどの基本的なタブレットＰＣ操作ができる。（知識・技能） ○LEDを光らせる、音を鳴らすなどの「micro:bit」の機能や良さを理解し、簡単なプログラミングをすることができる。（知識・技能） ○「micro:bit」の機能を活用し、お祝いの気持ちや卒業に向けたメッセージに適したプログラムを考え、表現することができる。（思考力・判断力・表現力） ○LEDの光らせ方を工夫して言葉を表したり、メロディブロックを組み合わせて曲を鳴らしたりすることができる。（思考力・判断力・表現力） ○「micro:bit」の機能を生かし、日常生活場面で活用できる場面を考えることができる。（学びに向かう力・人間性等）

　中学部では、1月頃より卒業に向けて音楽で卒業式の歌を歌ったり、生活単元学習で卒業を祝う会の準備を行ったりしている。卒業を祝う会では、卒業生に向けてはなむけの言葉を伝える機会があるが、相手にどう伝えればよいか、相手がどのように思うかなどを想像したり意識したりするのが苦手な生徒が多い。そこで、micro:bit の LED の発光や音楽を流す機能を活用し、どのように表現すれば相手に気持ちが伝わるか、または喜んでもらえるかなどを考えたり、友達と協力したりすることで、他者意識の向上を目指した。あわせて、卒業生への思いを micro:bit にプログラミングする中でプログラミング的思考を育んだり、プログラムのよさに気づいたりすることもねらった。

使用するツール・支援のポイント

【計画ボード】

　メッセージボードで伝えたいことや表したいことと、プログラムに使う命令ブロックについて予測したことを可視化するために計画ボードを作成した。自分の気持ちをどのように相手に伝えたいのか、グループの中で自分がどんな役割をするのかを計画ボードを見てグループの友達と共有できるようにした。

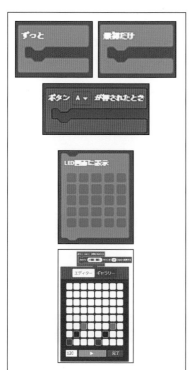

【命令ブロック】

　「ずっと」…プログラミングされた、LED の発光やメロディーが流れる等のプログラムが繰り返される。

　「最初だけ」…プログラミングされた、LED の発光やメロディーが流れる等のプログラムが、起動時に1度だけ実行される。

　「ボタンA（B）が押されたとき」…プログラミングされた、LED の発光やメロディーが流れる等のプログラムが、ボタンA（B）が押されたときに1度だけ実行される。

　「LED」…選択されたマスが発光する。

　「メロディー」…選択された音階が鳴る。音が鳴るテンポは、数字の大小で調整する。

　使用するブロックの種類は生徒の実態から左記の5種類に選定した。卒業生に対する感謝の気持ちや寂しいといった思いをLEDを使った文字やメロディブロックで作った音楽で表現できるようにした。また、AボタンとBボタンを使い分けることで「条件分岐」の考え方を学習できるようにした。

【プログラミングシート】

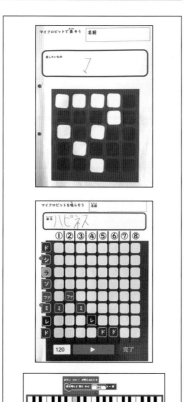

　上は、LED を光らせるためのプログラムの予想を可視化するために用いるワークシート（以下プログラミングシート）。この図では「マ」を表現している。表現したい文字や記号、絵文字にLEDを光らせるための配置を、マスにシールを貼ることで視覚的に残せる。友達と確認し、伝わらなかったものもそのまま残しておき、どこが伝わりにくかったのか原因を考えるようにした。

　中は、メロディーを鳴らすプログラムの予想を可視化するために用いるプログラミングシート。絵譜と照らし合わせて音階シールを貼っていく。ブロックのマッチングではなく、音の高低や長さ、テンポについても意識できる。本単元で音を鳴らすために使用した命令ブロック（メロディーブロック）は、音の高低が8音分見え、メロディーラインを視覚的に表すことができる。音の長さもマスの数で表せるため、操作が簡単である。

　下の鍵盤タイプのトーンブロックは、1ブロックに1音ずつしか命令できないためメロディーラインが視覚的に表すことができない。音の高さも3オクターブの幅から1音選ぶことになり、絵譜と見比べて音を探すのが大変で、生徒の実態に合わないため使用しないこととした。

【ブロックボード】

　タブレット PC でプログラミングする前に、プログラミングに必要な命令ブロックの数や組み合わせを把握するために、ブロックボードに命令ブロックのカードを並べて可視化する。

生徒の実態

・中学部1～3年生9名、週1回 100 分間の情報の授業を行った。
・相手に自分の気持ちをどう伝え、相手がどのように思うのか想像したり、意識したりするのが苦手な生徒が多い。

指導計画

次・時数	学習活動内容
第1次（1/19）	micro:bit でどんなことができるか知ろう
第2次 （2/19）～（8/19）	micro:bit で簡単な文字や記号、絵文字を考え、光らせよう
第3次（9/19）	micro:bit でメロディーを鳴らしてみよう
第4次（10/19～19/19） ※本時（15/19）	micro:bit で卒業生をお祝いしよう

（全 19 時間）

授業の流れ

　授業を実施するにあたり、以下の工夫を行った。
・一人につき、micro:bit とタブレット PC を各1台使用する。
・1グループ3名で1枚のメッセージボードを作成する。
・相手に伝わるようにするため、見やすい文字にするためにはどうすればよいのか、理想のメロディーに近付けるためにテンポをどうするかなど、グループの友達と相談や確認しながら試行錯誤して進める。

	本時の展開	指導上の留意点
導入	①本時の流れ、学習の目当てを確認する。 ●卒業生のために作っていたね。 ●卒業生が喜んでくれるようにプログラミングしよう。	●学習の流れと目当てを確認することで、学習活動への見通しと目的意識をもてるようにする。

展開	②タブレットパソコンでプログラミングをする。 ●計画ボードでどんなことを考えていたかな。 ●プログラミングシートではどうしていたかな。 ●ブロックボードを確認してみよう。	●思考を可視化したツールを手がかりにすることで、手当たり次第に命令ブロックを操作することのないようにする。
	③ micro:bit にダウンロードをする。 ● micro:bit を光らせて、成功したか確認してみよう。 ●なんでずっと光っているんだろう？ ●この文字、見えにくいね。 ●できた曲、なんだか遅いけどどうしよう？	● micro:bit で実行した結果を確認し、想定通りにならなかった場合、なぜそうなったか考える機会とする。 ●デバックでつまずいた際には、自身の思考を振り返ることができるように計画ボードやプログラミングシート、ブロックボードなどで確認する。
まとめ	④プログラミングした micro:bit をプロジェクターで映して発表を行う。 ●「ネ」のはらう部分を頑張って作りました。 ●「タ」の真ん中の横棒が難しかったが、線の角度を変えることで見えやすくなった。 ●本物の曲に近づくようにテンポを速くしました。	●活動の中で工夫したことや気付いたことを全体で共有できるように、作業中に発表者を決め、発表するポイントを確認しておく。 ●試行錯誤した部分について特に取り上げるようにする。
	⑤次回の学習についての確認をする。 ●○○の曲を作ったら完成だ。 ● micro:bit を貼り付けなきゃ。	●計画ボードや教師の見本を見て完成に必要な作業を確認し、次回の学習活動への見通しをもてるようにする。

実践を振り返って

　本単元は、生徒がメッセージを贈る相手のことを考える中で、プログラミング的思考を培ったりプログラムの良さに気付いたりすると同時に、相手の気持ちを意識したり想像したりすることが苦手な生徒たちの他者意識が高まることを目指して設定した。活動の下支えとなる知識・技能面を身に付けるために、命令ブロックの操作練習やどのように作用するのか体験する時間を十分確保したうえで、メッセージボード作りに取り掛かった。

　計画ボードやプログラミングシートで最終目標を明確にし、グループの友達と思考を共有することで、タブレットパソコンでプログラミングする際に手当たり次第に命令ブロックを入力したり、途中で目的から逸れたりすることもなく、相手に伝えることを意識してグループの友達に「アリガトウに見えますか。」と確認したり、「ここに隙間を空ければマに見える。」や「もっとテンポを速くした方が良い。」などと LED の配置やメロディーの鳴らし方を工夫したりする姿が見られた。また、生徒がどのようにプログラミングすればいいか分からなくなったときは、計画ボードやブロックボードを見て、目指していたプログラムや必要な命令ブロックなどを確認するように言葉を掛けるようにした。

　完成したメッセージボードは中学部の卒業を祝う会で披露し、贈った相手や保護者から称賛を得た。その後は廊下に掲示し多くの児童生徒に触れてもらうことで、生徒は自分のプログラミングが相手に作用することを体験することができた。

生活単元学習	Minecraft で街作りをしよう！

沖縄県立八重山特別支援学校　小渡晋二郎

学習目標

○友達と話し合い、Minecraft で作りたい建物を考えることができる。
○制作した建物や街の様子を小学部の友達や教師に発表することができる。
　iPad のアプリ、Minecraft Pocket Edition を用いて、児童同士が相談しながら協力して街作りを行う協働学習をメインで活動する。街を制作した後は、発表会を開き、自分の制作した建物を説明する。

　本実践では、Minecraft での活動と、できあがった作品の発表会を一つの単元として取り組む。Minecraft の活動を通して、操作の仕方を教えあったり、作りたいものを相談したりすることで、友達との相互のコミュニケーションを増やしていきたい。対象児童 3 名が興味関心のある Minecraft を題材に使うことで、友達同士のコミュニケーションが増えるのではないかと考えた。対象児童の 1 名に、日頃から Minecraft で制作活動を行っている児童がいたため、その児童を中心に操作方法やブロックの並べ方を教え合い、協力して制作していくことができると考えた。

使用するツール・支援のポイント

【Minecraft】

　Minecraft とはサンドボックス型のものづくりゲームで、砂場のように自由に作ったり壊したりすることができる。Minecraft は複数の端末で友達との協力プレイができて、一緒に作品を作ることができる。そのため 3 名で相談しながら制作する場面を設定することで、児童同士のコミュニケーションを活発にしていきたい。また、レッドストーンというブロックを用いることができれば、入力や出力といった簡単な回路を作ることができ、ボタンを押したらドアが開く、遠くの電気がつく等の簡単なプログラミングができる。

児童の実態

S-M 社会生活能力検査

小学部4学年（10才）	A児	B児	C児
社会生活年齢	5才5ヵ月	5才3ヵ月	5才5ヵ月

　対象の男児3名は、知的障害の他に、自閉スペクトラム症や発達障害と診断されている。言葉でのコミュニケーションが可能である。3名とも iPad を使った学習に興味があり、カメラを使って好きな場所を撮影したり、写真を見せながら発表したりすることができる。

指導計画

次・時数	学習活動内容
第1次（8時間） （本時4時間目）	友達と相談して Minecraft で街作りをしよう
第2次 （3時間）	制作した街を、友達や先生に発表しよう

（全11時間）

授業の流れ

	本時の展開	指導上の留意点
導入	①前時の確認と今日の授業の確認	●今日やることを、大型モニターを使ってわかりやすく伝える。
展開	②前時で撮ってきた写真と友達と話し合って決めた作りたい建物から、本時で作るものを決める。	●制作する建物については友達と相談して決めることを伝える。 ●なるべく見守りながら、友達同士の会話が活発になるように、言葉かけをする。
	③友達と相談しながら、作る場所やブロックの種類を決め、協力プレイをする。	●途中、少し活動を止めながら話し合いの場を作る。 ●友達に操作やブロックの場所を教えるように依頼したり、操作を止めたり、友達の様子も見たりするように伝える。
	④本時で作った部分を友達と教師に発表する。	●友達の発表を聞くときの態度を伝える。 ●友達や教師がわかりやすい言葉で発表するように伝え、どこを工夫したのか質問しながら聞く。
まとめ	⑤今日の授業について、振り返りシートを記入して振り返る。	●本時の振り返りを文字で残すようにする。 ●児童の言葉を拾いながら記入できるようにする。

実践を振り返って

　絵や作品を制作する際には一人での活動が多い児童たちだが、協力プレイではお互いの意見を出し合い、仲良く制作することができた。初めは Minecraft の操作が得意なA児から「C児には難しい」という否定的な発言もあったが、一緒に操作をしていくとすぐに「すごいね。慣れてきたね」と肯定的な発言に変わった。3名で協力プレイをする中で、最初はA児が建物の大半を制作していたが、4回目の授業で、A児がC児に「ぼくは外観作る。C児、床作って」と仕事を分担する場面があった。その後もA児が「僕はもっと工夫して作る。本を作るのはC児に任せる」と言い、A児が仕事を分担するだけではなく、完全に任せる場面もあった。また、B児が制作した図書館の一部にA児が工夫して自動ドアを作るなど自主的に協力する場面もあった。B児は「すごい」と称賛し、A児も満足そうにしていた。何を作るかについては教師を介さずに、3名が意見を出し合い、やりとりをしながら自分たちなりの計画書を作ることができた。計画書では、どのブロックが必要か考えながら記入することができた。発表では、ポスターを見ながら自分の制作した部分や工夫した部分を伝えることができた。発表会では他学年の児童や教師からの質問に答える場面を設定した。児童からの質問の意図を理解でき

ずに、うまく答えられない場面もあったが、それでも諦めることなく、自分たちの言葉で返答をすることができた。

　今回の実践を通して、普段は苦手とする書く作業や発表まで意欲が出てきた。「もっと街を広げたい」という感想もあり、今後の協力プレイにも期待していることがうかがえた。制作から発表までの協力する様子を見て、3名のチームワークで生まれた連帯感が、児童一人一人の自信になっていると感じた。

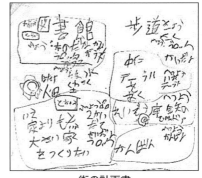

街の計画書

制作した建物

発表会の様子

【小中学校　特別支援学級】

生活単元学習	クリスマス会をしよう！

姫路市立豊富小中学校 自閉症・情緒障害特別支援学級　松本大樹

学習目標
○自分の意図した方向に描いた絵を動かしたり、変化させたりすることができる。
○作った映像作品を紹介したり、友達の作品に興味をもち鑑賞したりすることができる。
　トライアンドエラーを重ねながら順次処理（シーケンス）や繰り返し（ループ）の思考を深め、自作の絵に変化を加えていく。

　本校では GIGA スクール構想のもと、令和2年9月からタブレット PC 端末（Chromebook）が1人1台用意され、全校で活用を進めてきた。特別支援学級においても1日の様々な場面で端末を使用することで、児童生徒の学習の意欲を向上させたり、表現の幅を大きく広げたりすることができている。9年制の義務教育学校である本校では毎年12月に、前期課程（小学校）と後期課程（中学校）の特別支援学級の交流会としてクリスマスをテーマにした生活単元学習を行っている。これまでは、各教科等を合わせた指導として図工の観点からリースやランプを制作したり、家庭科の観点からケーキを作ったりといった活動を通して交流を深めてきたが、今回は普段使いができるようになった Chromebook を使った活動を通して交流を深めることにした。そこで Viscuit を使ってクリスマスイルミネーションを作成し、皆で鑑賞する活動を行った。

使用するツール・支援のポイント

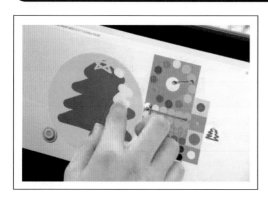

【Viscuit】
　今回の実践では、3年生から9年生、と多様な実態の児童生徒を対象とした活動となった。よって全員が分かりやすいもの、達成感を感じられるものという観点から、視覚的なヒントが多く、タッチ操作を中心に工夫を加えることができる Viscuit を使うことにした。

【画面を彩るフレーム作り】

　Chromebook の画面のサイズに合わせて切った段ボールを使って、フレームを作成した。中の空洞の部分に Viscuit で作成した映像が映し出される。クリスマスをイメージしたフレームを作ることで、フレーム内に流す映像を Viscuit でどのように作成するかイメージしたり、「自分の作品なんだ」という愛着を感じたりすることに繋げることができた。

児童生徒の実態

・生活単元学習の時間に3年生〜9年生（中学3年生）の10名を対象に行った。
・知的障害特別支援学級、自閉症・情緒障害特別支援学級に在籍する、知的水準が軽度から重度までの児童生徒、肢体不自由のある生徒等、多様な実態の児童生徒である。
・理解言語や表出言語のレベルに差はあるが、Chromebook を日常的に使用しており、事前学習を通して Viscuit の操作においては全員が概ね理解することができている。

指導計画

次・時数	学習活動内容
第1次（1時間）	Viscuit ってなに？
第2次（1時間）	クリスマスツリーを組み立てよう
第3次（1時間・本時）	クリスマスイルミネーションを作ろう（Viscuit）
第4次（1時間）	イルミネーションを楽しもう

（全4時間）

授業の流れ

	本時の展開	指導上の留意点
導入	①始まりのあいさつをする	●授業の始まりを意識させる、本時の学習について説明する。
展開	②サンタ登場（後期課程生徒2名）	●サンタに扮した生徒から児童にフォトフレームの枠をプレゼントすることで交流を図り、活動へ期待感を持たせる。
	③X'mas フォトフレームを作る	●見本を数種類提示することで、参考にさせたり、本人の得意な形で制作できるように活動量を調

		整したりしながら進める。
展開	④ Viscuit を使って X'mas イルミネーションを作る 	●クリスマスのイメージを持ちやすくするために関連の絵や画像を提示したり、サンプルの映像を見せたりすることで興味を持たせる。
	「メガネ」の枠を使って書いた絵を動かしたり変化させたりする順次処理（シーケンス）、「メガネ」を複数使うことで変化の繰り返し（ループ）を行いながらイメージした映像作品を仕上げていく	●児童生徒の様子を見ながら必要に応じて、絵の動く向きや速さ等のアドバイスをしたり、実際に一緒に操作することで気付きを促す。
	⑤完成した作品を披露する 	● Chromebook にフォトフレームをセットし、一人ずつ披露する時間を設けることで達成感に繋げる。
	⑥イルミネーション体験 　楽器演奏	●暗い空間で作成したイルミネーションを鑑賞したり、曲に合わせて演奏したりすることで幻想的な空間を全員で共有する。
まとめ	⑦おわりのあいさつをする	●授業の終わりを意識させる。

実践を振り返って

　前述のとおり、本校では令和2年度9月からChromebookを1人1台使用できる環境になり、端末を身近な文房具のひとつとして、1年生～9年生の児童生徒が日常的に使うことができるようになってきている。操作内容に少し差はあるが、特別支援学級においても同様のことが言える。そのような中、普段の学習の延長線上として本実践に取り組んだ。普段の学習とクリスマスという季節の行事を繋げることができたため、児童生徒が楽しみながら自作の絵を画面上で動かし、順次処理（シーケンス）や繰り返し（ループ）といったプログラミング的思考を高めることができた。またクリスマスツリーやイルミネーションといったものは児童生徒が日常生活で目にするものであり、好きな児童生徒が多く、それを自分たちで作れるという点で自然とトライアンドエラーの思考を重ねることができ、意欲の向上や達成感が目に見える形で現れたのではないかと考える。コロナ禍で活動が制限される中ではあったため例年とは違った方法での交流であったが、その中でも自分たちの作った幻想的な空間を一緒に鑑賞するこ

とで「すごい！」や「きれいだな！」といった気持ちを皆で共有したり、自分の作品だけでなく友達の作品について注意を向けコメントし合ったりすることで交流を深めることができたのではないかと考える。ビジュアルプログラミング言語を通した活動の更なる可能性を感じた実践であった。

完成したイルミネーションを並べよう！

とてもきれいなクリスマスイルミネーションが見れたよ♪
※録画映像を後日全校で共有した。視聴期間が限られたが、交流学級・学年で視聴してもらうことができた。

本校ホームページでも本実践の様子を紹介しています。是非ご覧ください。
QRコードを読み取るとホームページにアクセスできます。⇒

生活単元学習 ｜ micro:bit で学ぶ環境問題

町田市立南つくし野小学校　知的障害特別支援学級　太田啓介

学習目標

○ micro:bit のプログラミング方法を知り、自分で操作ができる。
○自分の目的に合わせたプログラミングができる。
・Scratch がベースのブロックプログラミングの方法理解。
・目的に応じたブロック選択や選択肢の作成、シーケンスの思考。
・実機の動きを見て、あるいは教師の説明を受けてのトライアンドエラー。

使用するツール・支援のポイント

Chromebook

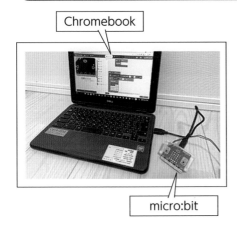
micro:bit

【Chromebook】

　本市では各校に Chromebook が配備され、児童が学習で使用できるようになり、本校では 2019 年度より使用できる環境となっている。特別支援学級全 23 名のうち、今回の活動に参加したメンバーは昨年度から学習活動に Chromebook を使用しており、操作には概ね慣れていると言える。

【micro:bit】

　本学級のプログラミング学習の中で、実機を操作できる機会がこれまでにあまりなかった。しかし本実践では、実機をプログラミングして操作できる児童の学習の様子や、調達可能な機材の条件を踏まえ、micro:bit を導入した。

【MakeCode】

　MakeCode は Microsoft 開発のプログラミング学習プラットフォームである。

　本校では一人に一つ Google アカウントが付与されている。学習時間には一人が一台の Chromebook を操作できるため、各自が MakeCode でプログラミングした内容は個人のものとして保存され、学習に活用することができる。

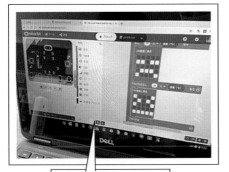
MakeCode 操作画面

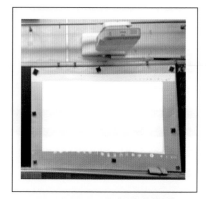

【プロジェクター】

　プログラミング作業中の Chromebook の画面をプロジェクターに映して、教師が一緒にプログラミングを行う、プログラミングの見本を示す、あるいは児童がプログラミングを行った内容を共有する、といった場面で活用した。

【難易度の調整】

　入力に時間がかかる児童に対しては、ローマ字入力は手元にローマ字表を置くことで取り組みやすくした。課題理解が難しい児童に対しては、最終的に実機操作ができることを重視した。教師が課題解決までの道筋を示して、ブロックの選択や具体的な操作を伝えた。

児童の実態

・5年生児童3名、6年生児童4名の計7名。
・この学習を行うにあたり、児童の課題遂行には差がある状態である。自分で課題を理解してプログラミングを進められる児童もいれば、教師が手順を示すことで課題に取り組める児童もいる。
・micro:bit の活動には当初より関心をもっている児童が多かった。難易度の調整が必要な児童であっても、意欲的に取り組めることが多かった。

指導計画

・この学習の前段として、環境問題を考える機会を設定した。具体的には、6年生の日光林間学校の事前学習の一環として足尾銅山についての学習を、5年生の国語教科書「固有種が教えてくれること」の学習を行った。
・これらの学習の中で「人間の活動によって、身近な環境を壊してしまうかもしれない」という可能性や、それに対して何ができるかなどを考えることができた。

生活単元学習	日光林間学校 （事前・事後6時間）		国語	「固有種が教えてくれること」 （10時間）

見学先である足尾銅山についての学習
工業の発展と、そこで起きた公害問題を知る

日本の自然環境と、固有種が生きられる環境を残していくことの意義を知る

環境問題への意識付け、環境を守ることと、そのための具体的な行動について考える

次・時数	学習活動内容
第1次（3時間）	micro:bit に触ってみよう
第2次（3時間）	micro:bit の温度センサーを使ってみよう
第3次（2時間） 本時1時間目	身近な温度センサーについて考えよう

（全8時間）

micro:bit のプログラミングを行う生活単元学習の前提として、環境について考える学習を設定した。本単元は、学校生活で感じる身近な環境としてエアコンの使用とそれに伴う電気の利用を考えられる学習としても位置付けた。

授業の流れ

	本時の展開	指導上の留意点
導入	①挨拶を行う。 ② Chromebook のログイン操作などを行う。 ③前時の学習内容を振り返り、本時の学習内容を確認する。	●教師用 Chromebook をプロジェクターに接続し、前時に取り組んだ内容を示す。
展開	④ micro:bit の温度センサー機能と条件分岐を使った活動の説明を聞く。	●第1次で条件分岐について、第2次で温度センサーについて学習している。その際の使用画面をプロジェクターで提示しながら説明する。
	⑤実際にプログラミングを行う。	●条件分岐の学習、温度センサーの学習で使用したブロックを使用できることを伝える。 ●課題理解が難しい児童には、プログラミングで使用するブロックを指定するなどで、難易度を調整する。
	⑥プログラミングの内容について教師と確認し、必要があれば修正する。	●⑥と⑦は学習の進度に応じて、教師と児童とで適宜行う。

	⑦実機の動きを確認する。	●大きな温度変化を生じさせて、micro:bit の反応を明確に示せるようにする。
まとめ	⑧本時の振り返りを行う。 ⑨次時の学習内容を確認する。	● micro:bit が実際に温度の変化を感知して反応していたことに気付かせる。 ●身の回りの様々な物が温度を感知してどのような動きをしているか、どんなプログラミングをしているか、想起し発言させる。

実践を振り返って

　この学習は、micro:bit のプログラミングだけでは成立しなかった学習であったと捉えている。これまでの学習の蓄積で Chromebook の操作に慣れていたこと、この学習に取り組む前の段階で身近な環境について考える機会を設定したこと、などの条件が揃っていることが必要であった。先述のように林間学校の事前予習や国語の学習で環境問題について考える機会があり、さらに「換気をしている状態で教室を暖められるか」という問題にも直面した。そこから「温度」を題材にした micro:bit の活動につながっていった。学習に参加した児童それぞれが micro:bit が反応するところを見て驚いたり、工夫したりするようになり、「実際に動く」ことを実感できる実機の有効性も感じることができた。温度変化で micro:bit が反応を変えることを見て、エアコンの自動運転モードが温度を感知して風の強さなどを細かく調整していることに気付き、その細かなプログラミングの設定に驚く児童も出てきた。

　micro:bit の操作は、結果がわかりやすいということから温度センサーに絞った。その分、児童の主体的な活動が広がりにくかったのが反省点である。それまでの学習活動の組み立て方次第でもっと多くの活動に広げられたのではないかと考える。

【特別支援学校　中学部】

生活単元 学習	# いろいろな余暇に挑戦しよう ～ ラジコンカーでＧＯ！ ～

富山大学人間発達科学部附属特別支援学校　山崎智仁

学習目標

○ラジコンカーの簡単な仕組みや遊び方などについての基礎的な理解を図るとともに、操作方法を身に付けることができる。（知識・技能）

○予想した道順や友達の助言から戦車の進行方向が分かり、操作することができる。（知識・技能）

○ゴールするまでのタイムが早くなるように道順を考えたり、相手チームの道順を予想して罠を仕掛けたりすることができる。（思考力・判断力・表現力）

○道順の距離やラジコンカーの操作のしやすさなど複数の条件から最適な道順を考えようとしたり、罠を効率の良い場所や罠の特性を踏まえて仕掛けようとしたりすることができる。（学びに向かう力・人間性等）

○チームが勝てるように友達とラジコンカーの道順や罠を置く場所を進んで相談したり、ラジコンカーを操作している友達を応援したりすることができる。（学びに向かう力・人間性等）

　ICT 機器の普及に伴い、近年はドローンのような ICT 機器を操作する産業やスポーツが盛んになってきた。しかし、生徒にラジコンやドローンについて尋ねてみると、名前は聞いたことがあるものの使用した経験はなかった。そこで、実際に生徒が使う場面を設けてみると、自分で操作できる喜びからか夢中になって操作を楽しむ生徒たちの姿が見られた。

　そこで本単元ではラジコンカー型ロボットを操作することで、ICT 機器に慣れ親しみ、余暇活動の広がりを図ることにした。また、より早いタイムで活動を達成するにはどのような進路を取れば良いかを予測したり、友達と相談したりする場面を設けることで、論理的思考やコミュニケーション能力などの向上を図りながら、友達と一緒に活動することの楽しさや達成感を感じてもらいたいと考えた。

使用するツール・支援のポイント

【RoboMaster S1（ラジコンカー）】

　本単元ではプログラミングロボット「RoboMaster S1」を使用する。「RoboMaster S1」はスマートホンやタブレット PC と通信し、操作するラジコンカー型のロボットである。「RoboMaster S1」が本単元に向いていると考えたのは以下の 2 点からである。

1点目は、「RoboMaster S1」が左右にスライド移動ができる点である。従来のラジコンでは、左右の方向に移動したい場合は車体を進行方向に向ける必要があった。しかし、車体を左右に向けると心的回転能力が必要となり、操作が難解になる。一方、「RoboMaster S1」は前方を向いたまま左右にスライド移動ができるため、操作者と視点を揃えたまま操作ができる。

　2点目は、赤外線レーザーで的を撃てる点である。「RoboMaster S1」には砲台からレーザーを撃てる機能があり、指定された的を順番に撃つ速さを競うモードがある。このモードを使い、狙う的の数や設置場所を生徒の実態によって変化させることで、同じコースでも課題の難易度を変更できる。また、プラスチック弾とは異なり、人に当たって怪我をすることもない。

【コース】

　プラダンを使って、「RoboMaster S1」が走るコースを作成した。プラダンは段ボールで作ったベースによって支えられており、簡単にコースの変更ができるようになっている。また、コースには「RoboMaster S1」の赤外線レーザーに反応する的が3つまたは4つ設置してある（生徒の実態によって異なる）。

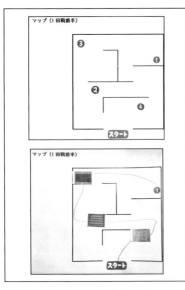

【マップ】

　「RoboMaster S1」を操作する前に、道順についての考えを共有するために使う。「マップ」を使って両チームが作戦を立てる。なお、的には番号がふってあるが、数字順で撃つ必要はなく、自由な順番で撃って良いことは事前に生徒たちに伝えてある。

　「RoboMaster S1」を操作するチームは、走行する距離の長さや操作のしやすさなどを踏まえてチームで相談して道順を決めて、「マップ」に書き込む。

　妨害するチームは「RoboMaster S1」の道順を予想し、どこに何の罠を設置すれば妨害できるかを考えてチームで相談し、マップに罠の写真シールを貼り付ける。

【罠】

　コース内に設置できる罠は、クッション、すだれ、すのこ、エアパッキン、人工芝、ジャックオランタンの置物の6種類である。罠は、使い方によってはタイムロスを狙うことができる物や逆に妨害の効果があまりないと思われるものを用意した。そして、生徒が罠の設置場所と罠の種類を考える必要があるようにした。

生徒の実態

・方向の概念を獲得しており、方向を示す言葉の意味を理解できている、または習得を目指している生徒。
・2〜3名程度のペアまたはグループのチームを2チーム作成。

指導計画

次・時数	学習活動内容
第1次（1時間）	・ラジコンカーの操作を体験しよう！
第3次（3時間） 本時（3／5）	・友達と協力して速いタイムでゴールしよう！
第3次（1時間）	・みんなでタイムアタック！

（全5時間）

授業の流れ

　授業を行うにあたり、下記の工夫を行った。
・1台の「RoboMaster S1」につき、ペアまたは3名程度のチームで協力して作戦を練ったり、操作したりして協働学習を行う。
・操作する側と妨害する側の2チームに分かれて対戦し、速いタイムを出したチームの勝ちとする。
・生徒が勝つことだけに注目しないよう、「RoboMaster S1」の道順や設置した罠の工夫点などの良さに注目できるようにする。

	本時の展開	指導上の留意点
導入	①本時の学習の流れを聞く。 ●今日も楽しみだね。早くラジコンカーを動かしたいな。	●学習の流れを事前に説明しておくことで、学習活動に見通しをもてるようにする。
	②前回の学習を振り返る。 ●A君の罠の設置場所、良かったよね。 ●僕も真似してみようかな。	●前回の学習の際に話題になった「RoboMaster S1」の道順や操作方法、罠の設置の仕方などの動画を映し、生徒が前回の学習を振り返ることができるようにする。
展開	③「RoboMaster S1」の操作練習を行う。（練習タイム） ●だいぶ上手く操作できるようになってきたよ。	●対戦の前に「RoboMaster S1」の操作スキルを獲得する場面を設けるようにする。
	④対戦のスケジュールを聞く。 ●今日は僕たちのチームが先攻だね。 ●僕たちは後攻だから、罠の設置だね。	●対戦のスケジュールを事前に説明しておくことで、活動に見通しをもてるようにする。
	⑤「マップ」を見て、チームで作戦を立てる。 ●こう進めば、距離が短いね。	●操作をするチームの生徒には、それぞれ道順を考えてもらい、どうしてその道順にしようと思っ

141

展開	●時計回りに操作したら、速いと思うよ。 ●ここは絶対に通るから、ここに罠を置こうよ。 ●遅くするには、プチプチがいいんじゃない。	たのかの理由を説明してもらうようにする。必要に応じて、理由をマップに書き込み、チームメンバーで思考を共有できるようにする。妨害するチームも同様に道順や罠の設置場所などを考えてもらい、思考を共有できるようにする。
	⑥対戦を行う。 ●罠があった。どうしよう。 ●右に道を変えたらどうかな。 ●プチプチの罠にかかったぞ。	●全ての生徒が一回は「RoboMaster S1」の操作ができるようにする。 ●「RoboMaster S1」の道順や罠の効果などを振り返ることができるように、動画撮影しておく。
まとめ	⑦対戦時の動画を見て、振り返りを行う。 ●予想した道順の通りに操作したら新記録がでたよ。 ●相手チームのこの罠が嫌だったね。 ●僕もこの罠のやり方を真似しよう。	●次回の学習に繋がるように、「RoboMaster S1」の道順や罠の設置方法の工夫に注目するよう促す。 ●教師から「RoboMaster S1」を操作していた生徒に、「予想通りに進められたか」「どの罠が一番困ったのか」などを質問しても良い。

実践を振り返って

1. 単元の評価：より早いタイムでゴールするため、数学で学習した定規を使って進路のおおよその走行距離を比べたり、友達とどこに何の罠を置こうか相談して多数決で決めたりする生徒の姿が見られた。対戦の振り返りにおいて、生徒たちは友達が罠を避けて「RoboMaster S1」を操作する姿や、工夫して設置した罠に称賛を送ったり、「真似したい。」と感想を述べたりしていた。対戦の勝ち負けにこだわる生徒はおらず、どうすればもっと公平かつ楽しい活動になるかを考え、意見を述べる生徒の姿も見られた。

2. プログラミング教育の評価：活動当初は、的の番号順に「RoboMaster S1」の進路を考える生徒の姿が一部見られたが、チームメンバーから「それだと、何回も同じ道を通るから遅くなるよ。」と声を掛けられ、生徒たちはどうすれば速いタイムで活動を達成できるかを考えられるようになっていた。進路を決めた理由を聞くと「距離が短いから」「道が広くて通りやすいから」など、進路を考えた理由も友達や教師に伝えられるようになった。罠の設置場所を考える際も、生徒らはスタート地点や的の目の前に罠を設置し、「ここだと絶対に通るから。」と理由を説明することができるようになった。

【特別支援学校　中学部】

| 日常生活
（昼休み） | # ゴールを目指して組み立てよう！
～生活上の問題解決につなげるプログラミング学習～ |

熊本大学教育学部附属特別支援学校　奥田隼人

学習目標
- ○各部品の特徴を理解し、適切に組み合わせることができる。
- ○自ら失敗の原因に気づき、試行錯誤しながら課題を解決することができる。
- ○課題解決に向けて粘り強く取り組もうとする。

　本実践は、「プログラミング」によりプログラムの働きを知ったり、コンピュータ等を上手に活用したりできるようになる側面ではなく、「プログラミング」により問題を解決する力を身に付けていく側面に重点を置いた取組である。

　初めてのことに対する不安が大きく、分からないことがあるとすぐにあきらめてしまう生徒を対象に、遊びを通して論理的思考力や問題発見・解決能力、試行錯誤する力を身に付けることをねらいとした。さらには、身に付けた力と既有の知識・技能を関連させながら生活上の課題を改善できるようになることを目的とした。

使用するツール・支援のポイント

【ころがスイッチドラえもん　ジャンプキット】

　本実践では、バンダイが発売している「ころがスイッチドラえもんジャンプキット」を使用した。レールをブロックで連結し、ゴールに向けて傾斜をつけてボールを転がす。「ひみつ道具スイッチ」という仕掛けを入れながらゴール地点へのボール到達を目指す玩具である。

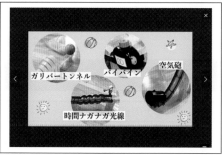

© 藤子プロ・小学館・テレビ朝日・シンエイ・ADK

【ひみつ道具スイッチ】

・空気砲：ボールをジャンプさせる。
・ガリバートンネル：小さいボールが大きいボールに変わる。
・バイバイン：ボールとコースが2つに分岐する。
・時間ナガナガ光線‥蛇行しながらゆっくり転がる。

143

◆ロイロノート・スクール（授業支援クラウド）を活用した教材（以下3つ）◆

【コースや気づきの記録】

・カメラ：組み立てたコースの写真やボールが転がる動画を撮り、どこで問題が発生しているのかを焦点化したり解決策の効果を確認したりした。

・ペンツール：組み立てたコースの写真に問題発生個所を印し、気づきを記入した。（教師・生徒が使用）

【問題解決シート】

問題発見から解決に向けた具体的な道筋や自分の思考の流れを可視化することができるよう、流れ図を作成した。「問題」「解決策」「解決」について考え、矢印を記入して作成した。

【振り返りシート】

活動時間の最後に、組み立てたコースの写真や動画を貼り付け、それを見ながら「わかったこと」や「難しかったこと」を記入した。新たな問題に直面した時に、このシートを見返すことで、これまでの学びを問題解決に生かすことができるようにした。

生徒の実態

・登校後や昼休みの時間に中学部3年生1名を対象に行った。

・精神年齢（MA）6歳8ヶ月【田中ビネー知能検査Vより】

・初めてのことに対する不安が強く、消極的だったり、分からないことがあるとすぐに諦めてしまったりすることが多い。

・各教科等での学びを生活上の事柄とつなげようとする意識がある。

指導計画

次・時数	学習活動内容
第1次（1）	ひみつ道具やレールの特徴を理解する。
第2次（10）（本時5/10）	見本を見ながらレールを組み立て、ミッションをクリアする。
第3次（3）	生活上の問題を解決する。

（全14時間）

授業の流れ

	本時の展開	指導上の留意点
導入	①前回の学習を振り返り、本時のミッションを知る。	●前回の学習内容を想起しやすいよう、振り返りシートを確認する。

展開	②完成形の画像を見ながら、コースを組み立てる。	●完成形の細部を拡大しながら確認できるようロイロノートのカメラ機能を活用する。
	③組み立てたコースにボールを転がす。	●即時、振り返られるようボールの動きの動画を撮る。
	④うまくいかなかった箇所を見つける。	●動画を見ながら確認をする。
	⑤うまくいかなかった原因と解決策を考える。	●原因や解決策を考えやすいよう、うまくいかなかった箇所を明確にしたり、これまでの振り返りシートを参考にしたりする。
	⑥再度、コースを組み立てる。 ※ミッションをクリアするまで③～⑥を繰り返す。	●コースの組み立て方の違いが分かるように写真を撮って比較する。
まとめ	⑦本時の学びや難しかったこと、問題解決に向けた思考の流れをシートに記入する。	●問題解決に向けた道筋が見えるよう、問題点、原因、解決策の流れ図を作成する。

実践を振り返って

本実践で使用した「ころがスイッチドラえもん」は、目的が明確で、ブロックを組み立てるという実感が伴い、試行錯誤がしやすいことから、生徒は問題解決の学習に意欲的に取り組むことができた。難易度の低いミッションからスタートして少しずつ複雑なコースにチャレンジしていく中で、向きや道具の細部、特徴に注意を向けたり、作成中のコースと見本の画像を何

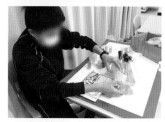

画像を確認しながら組み立てる

度も見比べ、画像に数字や印を書き入れたりするなど、工夫しながら確認する姿が何度も見られた。また、「ボールがコースから落ちる」などの問題発生から解決策を考え、問題を解決するまでの流れを繰り返していく中で、問題に気づく力、その原因を捉える力、複数の視点から解決策を考える力などが身に付いていった。それにより、問題解決の道筋をイメージできるようになり、生活上の問題の解決にも生かすことができるようになった。

実践を通して考えた、プログラミング学習のポイントについて以下に述べる。

★学びや思考の足跡を残し、引き出しを増やす！

コースを組み立てる中で「ボールのスピードが速いと曲がれない」など多くの気づきや「問題→原因→解決策→解決」という解決の仕方など多くの学びがあったが、新たな問題に直面した時に、これまでの学びを想起して解決に生かすことが難しかった。そこで学びや思考を「振り返りシート」に残し、これまでの学びや考え方を活用できるようにしたことで、類似の問題にもスムーズに対応することができた。

考え方

学び

問題を発見する眼鏡

問題解決の地図

★問題解決の道筋のモデルを作る！

「問題解決シート」使って、「問題」→「解決策」→「解決」の道筋に沿いながら解決策等を考えていった。これを継続したことで、❶うまくいかなかった時に問題を発見できる、❷問題解決までの道筋をイメージすることができる、❸具体的に何からすれば良いのか考えられる（頑張り方がわかる）ようになった。分からないことが起きても、「問題解決だ！」と言いながら自分で考えようとしたりすることが増えた。まるで問題を発見する「眼鏡」と問題解決の「地図」を手に入れたような姿だった。

★プログラミング的思考で生活上の問題を解決！

問題発見・解決能力、試行錯誤する力などを活用して第3次にハンガーラックの組み立て、ビブス干し、ハンカチ畳みなどを行った。プログラミングの学習と生活上の問題解決がつながっていることを意識できるよう、「問題解決シート」を活用した。ハンガーラックの組み立てでは、「不安定」などの問題に対して、ころがスイッチドラえもんでの学びを生かして「棒の太さを確認」「向きを変える」などの解決策を考え見事に完成させることができた。生徒本人も問題解決の考え方が生活をよりよくすることを実感しているようで、「先生、問題発生！」といって問題解決を楽しむ姿が見られるようなった。

粘り強く組み立てる

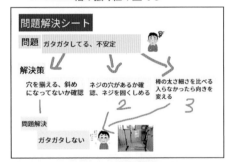

■さいごに

ある日の昼休みに、運動場で遊ぶために倉庫の鍵を借りに来た。倉庫の鍵はキーリングについている4つのうちの1つである。これまでは1つ試して開かない時は「先生お願いします」と言っていたが、鍵穴と鍵の大きさを比較したり、鍵に記されている番号を鍵穴の番号と照らし合わせてみたりしながら自分で開錠することができた。昼休みが終わった後に、どうして開錠できたのか尋ねると、自らタブレットの問題解決シートを開き、「問題」から「解決策」「問題解決」に至った流れについて指を動かしながら説明してくれた。こ

問題解決の流れを説明する

ちらが意図的に仕組んでいない場面（未知の状況）でこれまでの学びを生かして問題を解決することができた。

プログラミングの学習で得られた問題解決の基盤の大切さを実感した。今後もプログラミング学習の可能性を広げていけるよう実践を深めていきたい。

【特別支援学校　小学部】

日常生活の指導 | 動物園へ行こう！

熊本大学教育学部附属特別支援学校　上羽奈津美

学習目標

○アンパンマンカーの基本的な操作方法について理解する。
○アンパンマンカーで遊ぶ。
・左・右・前・後、いずれかのボタンを押すと1つ進む、という知識の獲得。
・上記の知識を組み合わせることで、目指す場所までの道筋を考える試行錯誤の方法。

　本実践では、楽しみながらアンパンマンカーを自分が目指す場所まで走らせるという試行錯誤を繰り返すうちに、プログラミング（事前操作）の仕組みについて知り、学習することをねらいとした。失敗の経験が少なく、失敗（エラー）の受け入れが難しい児童が、楽しみの中で自らが選択し生じたエラーを受け入れ、再度トライし目的地を目指した。

使用するツール・支援のポイント

【はじめてプログラミング！どの道とおる？アンパンマンドライブカー】

　本実践では、株式会社セガトイズが発売している「はじめてプログラミング！どの道とおる？アンパンマンドライブカー」を使用した。

© やなせたかし／フレーベル館・TMS・NTV

【矢印ボタン】

　基本的な動きは4方向。赤ボタンは「前に1コマ進む」、オレンジボタンは「右に回転する」、青ボタンは「左に回転する」、緑ボタンは「後ろに1コマさがる」である。アンパンマンボタンは、ドライブカーが動き出すスタートボタンである。

【3つのモード】

　①矢印ボタンを押すごとに１コマ動く

　②いくつかの動きを組み合わせて動く

　③音楽が流れて自由に走る

　②の組み合わせモードを使い、試行錯誤することで、プログラミングの仕組みについて学んでいく。

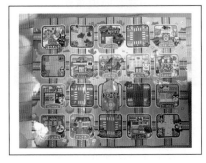

【電源スイッチ】

　真ん中が「OFF」、左側が「音量ON」右側が「音量OFF」。音が鳴らない状態で取り組めるため、音に対して過敏な児童においても、集中して思考力を働かせることができる。

【マップシート】

　縦に４コマ、横に５コマの児童が見てワクワクするような目的地がある。真ん中の下から２段目には、スタート地点が設定されているため、基準が変わらず、繰り返し取り組む際に、前回学んだことをしっかりと生かすことができる。

【もんだいカード：表】

　目的地を選ぶ問題カードが12枚ある。児童は、自身で目的地を選べることで、課題解決への意識が高まり、失敗（エラー）しても、楽しみながら試行錯誤し、目的地を目指すことができる。本実践ではこの中から動物園を選び、授業に取り組んだ。

【もんだいカード：裏】

　もんだいカードの裏面。プログラミングモードで操作する際、ボタンをどの順番で押すと、目的地へ行けるかの道筋が書いてある。視覚的に捉えることができるため、まだ、道筋を考えるのが難しい段階でも、課題解決意欲が向上する。

© やなせたかし／フレーベル館・TMS・NTV

児童の実態

友達との関わりが好きで、何度か繰り返すことで操作方法を覚えるAさんと、すぐにプログラミングの仕組みに気づき、どんどん動かして楽しむBくんが一緒に学び合うことで、課題解決能力の向上が期待でき、さらに、プログラミング教育の取っ掛かりとして本題材が適していると考えた。

Aさん

小学部2年生　女子
知的障害 ダウン症候群
療育手帳：B2 新版K式：DQ 50 程度

Bくん

小学部1年生　男子
知的障害 自閉スペクトラム症
療育手帳：B1 新版K式：DQ 40 程度

指導計画

次・時数	学習活動内容
第1次（1時間）	モード①・モード③で遊ぼう！
第2次（2時間）	（1時間目）モード②の遊び方を知ろう・やってみよう！
	（2時間目・本時）動物園へ行こう！

（全3時間）

授業の流れ

	本時の展開	指導上の留意点
導入	①はじまりのあいさつ ②前時の振り返り	●前時の学習の様子をiPadの動画で確認できるようにする。 ●実際に矢印ボタンを押しながら、アンパンマンカーの動きが確認できるようにする。
展開	③「動物園」を目的地に設定し、マップシートを見て場所を確認する。	●課題意識が高まるよう、2人で動物園を見つけられるようにする。
	④Bくんが「動物園」までアンパンマンカーを移動させる。	●はじめに道筋を指で追い確認する。 ●自分で矢印ボタンを押せるよう促す。 ●試行錯誤力が高まるよう、間違えた時は自分でやり直しをするよう促す。
	⑤Aさんが「動物園」までアンパンマンカーを移動させる。	●問題カードの裏面を見て、矢印ボタンの動きを確認できるようにする。
	⑥2人でもんだいカードを使い、行き先を決め、アンパンマンカーを移動させる。	●もんだいカードを2人で選べるようにする。 ●矢印ボタンを間違えた時には、2人でやり直し、学び合いができるようにする。

	⑦本時の振り返り	●それぞれが取り組んでいる様子をiPadの動画で見て、振り返るようにする。
まとめ	⑧終わりのあいさつ	

実践を振り返って

　初めての物にドキドキするＡさんと、操作をして玩具を動かすことの大好きなＢくんが共に学習することで、矢印を押してアンパンマンカーが動くことに興味を持ち、目的地まで試行錯誤し、楽しみながら取り組むことができた。

　Ｂくんは、［モード①］のボタンを押すごとに１コマ動くモードは、すぐに理解することができたため、［モード②］のいくつかのモードを組み合わせて動くモードで学習した。Ｂくんは、学習しはじめた頃に、動物園までの進み方を考える際、たとえば「右に回転する」ボタンを押すことで、『右に回転し１マス進む』と考えていた。しかし、実際は回転するのみの動きに留まるため、動物園の一歩前で止まることがあった。はじめての時は、その一歩を手で動かして「ゴール！」と教師に伝える姿があったため、［もんだいカード裏］に書いてある、ボタンをどの順番で押すと、どう進むかの道筋を見ながら取り組むよう促した。視覚的な捉えが得意なＢくんは、その順番通りにボタンを押すことで、動物園までアンパンマンカーを進め、ゴールできたことを笑顔で喜んだ。また、カードを使ったことにより、「左右に回転する」ボタンの意味を理解し、ゴールを変えても左右に回転するボタンや真っ直ぐ進むボタンを組み合わせ、ゴールへ進めるようになった。ちょっとした視覚的なヒントで、［モード②］ボタンを試行錯誤しながら操作し、正解へと導くことにより、Ｂくんの思考力の高まりを感じることができた。

　初めてのことが苦手なＡさんは、Ｂくんの様子をみながら、［モード②］ボタンの動きを理解したようで、アンパンマンカーに慣れてきて、自分でボタンを操作する頃には、動物園や他のゴールまで正確にゴールできるようになっていった。ゴール地点に顔を寄せ、「こっちよ！」とアンパンマンカーに向かって呼びかけ、ゴールした時に「やったあ！」と手を挙げて喜んだ笑顔がとても印象的だった。

　Ａさん、Ｂくんは発語が少なめであったり、不明瞭であったりする。また、小学部低学年であることから、生活経験の少なさがあり、プールや発表会、初めて出会う玩具等への抵抗感が大きい。しかし、楽しいと感じたこと、“自分で”試行錯誤して取り組む活動への意欲はとても高く、それらが知識として身に付くことも多い。アンパンマンドライブカーのように、遊び感覚を取り入れたプログラミング教育は、自分で試行錯誤しながら積極的に操作し、前後左右や○マス進む、といった実践のなかから、自分を軸とした前後左右の理解、○マスといった数の理解へと繋がり、それは学校生活全般で生かせるようになっている。現在は新版Ｋ式発達検査でＤＱが30程度の同クラス児童も一緒にドライブカーで遊ぶ姿を目にするようになった。

※本実践で使用したプログラミング教材は、販売が終了している場合もあります。

【特別支援学校　中学部】

| 作業学習 | # 作業学習におけるロボットアームの活用に関する実践 |

秋田県立能代支援学校　高橋正義

> **学習目標**　作業学習（木工班）において、手指の動きでロボットアームを操作し、作業学習製品の部品（以下、部品）の検品・選別等の役割を果たす。

　本実践は、本校中学部に在籍する肢体不自由のある生徒（以下、A）の作業学習における実践をまとめたものである。「作業学習において、Aの実態と教育的ニーズに合ったロボットアームを開発・活用することで、Aが身近な環境に働き掛ける有効な方法になるのではないか」と考え、外部専門家と協働し【マイコンボード】にプログラミングを施し、【ロボットアーム】の開発と活用に取り組んだ。

使用するツール・支援のポイント

図1

【マイコンボード】

　本実践では、Arduino（アルドゥイーノ）と呼ばれるマイコンボードを使用した。このマイコンボードは入出力ポートを備え、Arduino言語でプログラミングするものである。

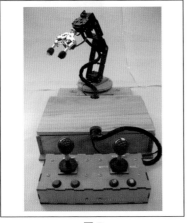

図2

【ロボットアーム】

　本実践で活用したロボットアームの開発及びマイコンボードへのプログラミングは外部専門家（障害児者ICT機器活用支援サービスG＆G）によって行われた。筆者がAの活用状況を観察し、外部専門家にフィードバックすることで、マイコンボード内のプログラミングの調整が行われた。また、プログラミングの調整のみならず、ロボットアーム部品の変更や外付けスイッチの追加などの仕様変更が数回行われ、現在の状態になった。

　ロボットアームには、6つのサーボモーターが装着されている。プログラミングしたマイコンボードからサーボモーターに信号を

151

送り、ロボットアームの動きを制御している。

　ロボットアームの操作はコントローラーを使用して行う。コントローラーは、2つジョイスティックと複数のボタンによって構成され、それらを組み合わせて操作する。Ａは以下のロボットアームの機能を操作して作業学習に取り組む。

・ロボットアームの先端で作業学習製品の部品を挟む。

・作業学習製品の部品をロボットアームで選別カゴの上に移動する。

・ロボットアームの先端を開き、作業学習製品の部品を離し、選別カゴに入れる。

生徒の実態

・本校中学部1年生

・障害名：脳性まひ

・新版Ｋ式発達検査2001…姿勢・運動：5、認知・適応：12、言語・社会：19、全領域：13

・手指可動域は狭いが、意図的なゆっくりした動きが可能である。

・視線の動きは比較的良好である。

指導計画

[第1次のねらい（令和2年5月～9月頃、64時間）]

・作業学習製品（木製マグネットバー）の研磨状態を目視・指触で検品する。

・ロボットアームを活用して、検品した作業学習製品をＡ本人の向かい側にある選別カゴに移動する（製品の移動先は1か所。取組の様子は図3）。

図3

[第2次のねらい（令和2年10月～令和3年2月頃、64時間）]

・作業学習製品（食器の下に敷くコースター）の研磨状態を目視・指触で検品し、検品を合格したものと再研磨が必要なものを選別する。

・ロボットアームを活用して、検品を合格したものと再研磨が必要なものをそれぞれの選別カゴに移動する（コースターの移動先は2か所。取組の様子は図4）。

図4

（全128時間）

授業の流れ

第1次（令和2年5月～9月頃）におけるＡの取り組みの様子について述べる。

本時の展開		指導上の留意点
導入	① 始めの会をする。	
	②作業日誌を記入する。	●作業日誌を確認して前時の作業の様子を思い出し、本時の作業で取り組む目標などを決める。

導入	③作業の準備をする。	●コントローラーの操作がスムーズにできるよう、Aの上肢（手指、肩、肘）のマッサージをする。 ●Aと相談してコントローラーの位置を調整する。
展開	④ 作業に取り組む。 （1）木製マグネットバーの断面等の状態を目視・指触で確認して検品をする。 （2）コントローラーのボタンを押し、ざらつきのある木製マグネットバーをロボットアームの先端で挟む。 （3）コントローラーのジョイスティックを操作し、先端で挟んだ木製マグネットバーを手前から奥にある選別カゴの上に移動させる。 （4）選別カゴの上でロボットアームの先端が開くボタンを押し、木製マグネットバーを選別カゴに入れる。	●当日のAの操作状況を観察し、操作しやすいようにロボットアームや選別カゴ、部品などの配置を再調整する。 ●（1）では、木製マグネットバーの断面等にざらつきがある場合、（2）の活動に移る。木製マグネットバーの断面にざらつきがない場合は（1）の活動を繰り返す。
まとめ	⑤作業の振り返りをする。	●仕分けした木製マグネットバーの個数を確認する。 ●作業日誌の項目について評価する。

Aが作業を完了するまでにかかった時間を表1に表す。測定の条件は以下である。

・令和2年6〜7月の作業学習において8日間分計測する。

・1日の作業学習につき、それぞれ5回計測し、最長・最短の時間を除いた3回の平均時間を算出する。

・Aがロボットアームの性能をどの程度引き出しているかを比較するため、筆者が同条件で取り組んだ場合の平均時間（12秒18）を算出し、横破線を加えて表示した。

表1

実施日によって変動はあるが、作業完了にかかる時間は概ね短縮している。「視覚的な注意の集中」と「目と手の協応動作」の力を発揮して操作したと考えられる。その一方、作業時間が長くなるとロボットアームの先端から木製マグネットバーを離さず、ロボットアームを開始位置に戻すことがあった。集中による疲労が表れたと推測され、作業量の調整が必要であると思われる。

●第 2 次（令和 2 年 10 月～令和 3 年 2 月頃）の取り組みについて

　実践全体における A の変容を確認するため、第 2 次（令和 2 年 10 月～令和 3 年 2 月頃）の取り組みについて述べる。学習活動の流れは以下である。

①コースターの形状を目視・指触で確認し、合格したコースターと再研磨が必要なコースターを選別する。

②コースターを A の左側に置く。コントローラーのボタンを押し、コースターをロボットアームの先端で挟む。

③ジョイスティックを操作し、先端で挟んだコースター（合格したコースターと再研磨が必要なコースター）を、A の右側に設置した 2 つの選別カゴ（○と△の記号表示あり）のいずれかの上に移動させる。

④選別カゴの上でロボットアームの先端が開くボタンを押し、コースターを選別カゴに入れる。

　第 2 次では、以下の様子が見られた。

・1 日の作業学習で取り組む検品の目標数を適切に設定するようになった（概ね、8 ～ 10 個程度）。

・検品したコースターを 2 つある選別カゴのどちらに入れるべきかが分かり、ロボットアームを操作して選別カゴに入れた。安定的に作業を進めるようになった。

実践を振り返って

●実践における A の変容について

　本実践を開始した当初、A はロボットアームのコントローラーに触れることすら慎重であった。ジョイスティックやボタンの操作とロボットアームの動作がどのように対応するのかが明確でなかったからだと考えられる。

A がロボットアームを活用して発揮した力を自立活動の内容で整理すると以下になる。

・＜視覚的な注意の集中＞ロボットアームの先端の状態に注目した。

・＜目と手の協応動作＞適切なタイミングでボタンを操作して、ロボットアームの先端を開閉した。

・＜位置や空間の把握＞A 自身とロボットアーム、選別カゴの位置関係を理解し、ロボットアームを移動した。

　ロボットアームの活用を継続することで操作方法を理解し、処理できる部品の数が増えたことにより、作業学習における A の自信と意欲の向上につながったと考えられる。本実践は作業学習におけるプログラミングした機器の活用であったが、この機器を他の学習活動にも広げたい。

●プログラミングした機器を活用する良さについて

　マイコンボードへのプログラミングを修正することで、以下のロボットアームの機能変更を行った。

・Aの視線の動きに合わせ、ロボットアームの作動スピードを変更した。

・Aの手指の可動域に合わせ、コントローラーのボタンの位置を変更した。

・ロボットアームの先端と部品の位置関係を把握しやすいように、ロボットアームの先端の向きを横方向から縦方向にした。

　使用者の実態に応じ、柔軟に機能の変更が可能であることは、プログラミングした機器を活用する利点だと考える。

●生徒Bの実践について

　本実践と平行して取り組んだ、もう一つの実践[※]について述べる。本実践は本校に在籍する肢体不自由のある生徒（以下、B）に対して、無線操縦ロボマシン（以下、ロボマシン。図5）を開発・活用したものである。ロボマシンには外部専門家によってプログラミングされたマイコンボードが内蔵されている。

図5

　Bはロボマシンを操作し、自分の代わりに目的の場所に移動させ、役割を果たす活動を行った。Bの活動の様子から、手指でコントローラーを操作する力や視界にあるロボマシンの動きを注視・追視する力、B自身とロボマシンおよび目的物の位置関係を把握する力に変容が見られた。さらに、ロボマシンの移動軌跡の分析から、Bはプログラミング的思考（順次処理、分岐処理、反復処理）を働かせて操作していることが分かった。

　AとBの実践から、身体の動きに何らかの制限があるとしても、身体の優位な動きに着目した機器を開発・活用することで、自らの思考を機器の動きで表し、その結果として身近な環境に働きかけることが可能になり、それを実現する方法の一つがプログラミングを施した支援機器の開発・活用だと考えている。

※実践の詳細は、パナソニック教育財団による2020年度（第46回）実践研究助成報告書『特別支援学校におけるプログラミングの手法によって児童生徒の可能性を拓く支援機器の開発と実践に関する研究 〜コミュニケーションや活動を支援する遠隔ロボットと支援方法の最適化を目指す教材教具の事例を通じて〜』内の「4. 代表的な実践」を参照されたい。同報告書のURLはhttp://www.pef.or.jp/db/pdf/2020/2020_57.pdf（最終アクセス2021.7.17）。右は同報告書のQRコード。

| 自立活動 | # アンプラグドでダンス・ダンス・ダンス
～プログラミング教育 … はじめの一歩としての取り組みの一例～ |

茨城県立協和特別支援学校　藤田武士

学習目標
○友だちと相談してカードを組み合わせ、ダンスを作ることができる。
○リズムに合わせ、カードの順番通りに身体を動かすことができる。

　本実践は、自立活動の人間関係の形成として自己の理解と行動の調整に関することに関連して取り組み、目標は「ルールに沿って（を守って）動くこと」とした。プログラミング教育として考えると、この授業で扱うのは「シーケンス（順次処理）」と「ループ（繰り返し）」であるが、これらはあくまでも"ツール"であり、本実践は、プログラミングの考え方（＝プログラミング的思考）を活用したものである。

　このように、プログラミング教育を前面に出さず、学習を進める上での"ツール"として、プログラミング的思考を取り入れ、児童生徒が実際に体験的に学習することで、今後プログラミング教育として発展させていけると思う。プログラミング的思考を活用した学習を、児童生徒は自分自身の体験として学び、結果として「シーケンス（順次処理）」や「ループ（繰り返し）」といったプログラミング処理の流れを学習できているため、次のステップ（タンジブルやビジュアルなど）にスムーズに移行できるのではないかと考える。

　プログラミング教育として、はじめから「シーケンス」や「ループ」といったワードを提示してその意味も含めて学習を進める方法もあるが、児童生徒の実態や特性に応じて、そうした用語だけでなく、「順序立て」とか「くり返し」などのわかりやすい言葉を使い分けることが大切であると考える。本実践は、児童自身が身体を動かして、体験的に学習を進めながら、結果として順番に並べていくことがシーケンス、繰り返すことがループっていうことなんだよ…と伝えていったほうが、より理解が深まるのではないかと考えて取り組んだ実践である。

　ここでは、プログラミング教育の1つの方法として、自分自身が担当した児童が音楽の表現活動や体育などの体を動かす活動が大好きであることから「ダンス」を取り入れることとした。アンプラグドによるプログラミング的思考を活用したダンスを取り入れた自立活動の実践を紹介する。

使用するツール・支援のポイント

【書籍『ルビィのぼうけん』（リンダ・リウカス 作、鳥井雪 訳、翔泳社）】

　日本でも初等中等教育段階でのプログラミング教育の推進がはじまり、テクノロジーやプログラミングに関する知識は子どもたちにも必要不可欠になりつつあります。プログラミングを、子どもたちが身近に感じ、楽しく学んでいける本があればいい——このような思いから生まれたのが『ルビィのぼうけん(原題:Hello Ruby)』です。（翔泳社ウェブサイトより）

【ダンス基本カード（自作）】

　「キック（橙）」、「ジャンプ（桃）」、「まわる（紫）」、「足ぶみ（黄）」、「手をたたく（緑）」という5つの動作に加えて、何も書いていないフリーカード（青）を用意した。授業を通じて、児童の発想を引き出すことができればと考えた。

　ダンスの要素を引き出すために、リズムに合わせて取り組むことにした。
ト・ト・トン
ト・ト・トン
ト〜ト〜トン
のようにリズムを作った。児童には例えば、「好きな○○」を出してもらい、それらのキーワードを並べてリズムよく取り組めるようにした。

写真1　実際の授業での板書（この日のテーマは「生き物」）

図1　ダンスで使用したリズム（例）

児童の実態

・小学部6年生（11名）
・言葉による指示を理解できる児童から、必要に応じて個別に補足や視覚支援などをすることで指示を理解できる児童まで、比較的実態の幅は広い
・見通しを視覚的に示すことで、それに沿って行動することができるようになってきた
・自分の思いが先行してしまい、なかなか他人に合わせた行動がむずかしいなど、自己統制力が低い児童が多い

指導計画

次・時数	学習活動内容
第1次 （1時間）	**ダンスを見てみよう、踊ってみよう** ・「ルビィのぼうけん」を見ながら、教師が手本として踊ってみる ・組み合わせ例を元に実際に踊ってみる
第2次 （3時間）	**自分たちで組み合わせて踊ってみよう①** ・2グループに分かれてカードを組み合わせてみる ・組み合わせ通りに踊ってみる ・お互いのグループのダンスを見合う（iPadで記録して振り返る）
第3次 （6時間）	**自分たちで組み合わせて踊ってみよう②** ・キーワードを出して、ダンスに歌詞を付ける【写真1】 ・新たな動きをひとつ考えて青カードとして加えてみる ・発表会をする

（全10時間）

授業の流れ

<table>
<tr><td colspan="2">本時の展開</td><td>指導上の留意点</td></tr>
<tr><td rowspan="4">導入</td><td>①あいさつ</td><td></td></tr>
<tr><td>②本時の流れの確認</td><td>●見通しをもたせるため、本時の流れを確認する</td></tr>
<tr><td colspan="2">チャレンジしよう「よくきいて、みて、やってみよう」</td></tr>
<tr><td>③前時の振り返り</td><td>●前時で撮影しておいた動画を見返すことで、活動を思い出すことができる</td></tr>
<tr><td rowspan="2">展開</td><td>④ウォーミングアップ
●フラフープリレー
（1）足から足【写真2】
（2）首から首</td><td>●リレーを通じてチームワークを高める
●受け渡しの際にはお互いが言葉かけをするようにする

【写真1】
声をかける「いくよ〜！」
「はいったよ〜！」「もういいかい」</td></tr>
<tr><td></td><td>●初期感覚に働きかける活動とする
※初期感覚とは、平衡感覚、固有感覚、触覚という3つの感覚のことをいう</td></tr>
</table>

展開		【写真2】 主に体のバランスをつかさどる「平衡感覚」や主に筋肉の張り具合や関節の角度や動きを感知する「固有感覚」に働きかける ●ルールの中で活動する意識を高める
	⑤ダンス・ダンス・ダンス ●テーマとキーワードを考える ●リズムに合わせ歌う【図1】 ・グループ毎にカードを組み合わせてダンスを組み立てる ・グループ毎にダンスを踊る ※何回繰り返すかはグループで決める	●自分事として取り組めるよう、テーマを決め、キーワードを一人ひとつ出す ●リズムをとりやすいよう手拍子を付けながら歌ってみるとよい ●カードを一人1枚ずつ取り、グループで話し合って構成を考える ● iPad を使って動画で撮影する 実際に踊ってみて"動きにくい""リズムに合わせにくい"という箇所があった場合、グループで相談して順番を入れ替えるなどの修正を行ってもよい（デバッグの考え方）
まとめ	⑥振り返り ●動画を視聴する ●お互いのよかった点を発表する ●自分のグループのよかった点と次に改善したい点を発表する	●大型モニターの見え方に注意する（映り込みなどの反射がないように） ●具体的なポイントについて動画を活用して発表（コマ送りでポイントを明確化） ●黒板（ホワイトボード）にＴ２が記入するとよい

写真2　フラフープリレー（足から足）の様子

写真3　ダンスを踊っている様子

実践を振り返って

　今回の実践では、指示理解に課題がある児童が、カードを見て視覚的に理解することができたため学習にスムーズに取り組むことができ、回数を重ねることで教師の支援がなくても取り組むことができるようになった。また、キーワードをリズムに乗せ、そのリズムに合わせて身体を動かすことで、「楽しい（楽しそう）」、「やってみたい」という、児童自身の前向きな気持ちを引き出すことができた。さらに、普段、比較的引っ込み思案な傾向がある児童でも、授業がある日に笑顔で「今日は自立活動があります！」と担任の先生に伝える様子が見られ、ダンスを踊ることを楽しみにしている気持ちを感じることができた。また、衝動性が強い児童も、ある意味ルールとして視覚的に手順が示され、リズムに沿って踊ることから、授業の見通しがもてるようで、落ち着いて取り組んだり、授業準備を手伝ってくれたりする様子もみられた。

　冒頭にも書いたが、児童はプログラミングということを意識せずに取り組んでいる（あえて意識させていない）。日常生活や学校生活において、手順書などの見通しをもたせる支援は身近にある。物事に取り組みやすくなるという1つの手段としてのプログラミング的思考を、こうした体験的活動を通じて児童生徒自身が身に付け、自分自身で活用していくことができれば、生活や学習のさまざまな場面で活きる力が育まれ、生きていくために必要な力の1つとして広がっていくのではないかと思っている。

参考文献
川上康則（2021）「発達が気になる子の　体の動き　しくみとトレーニング」ナツメ社.
小林祐紀・兼宗進（2017）「コンピュータを使わない小学校プログラミング教育 "ルビィのぼうけん" で育む論理的思考」翔泳社.

自立活動	# ピラーちゃんにごちそうをあげよう

富山大学人間発達科学部附属特別支援学校　北村満

学習目標	○前後左右を弁別して任意の方向にロボットを動かしたり、ロボットの視点から前後左右を考えたりすることができる。 ○目的地に到達するロボットの道順を予測し、道順に合った動きをするように複数の命令を組み合わせることができる。 ○友達に自分の意見を分かりやすく伝えたり、友達の意見を受け入れたりすることができる。 目的地に到達するロボットの道順を予測し、道順に合った動きをするように「前進」「右折」「左折」などの命令を組み合わせることができる。【シーケンス】

　本実践は、少人数のグループで芋虫型のロボットにプログラミングを行い、スタート地点から設定された課題をクリアして目的地までロボットを到達させる学習活動を行うことで、ロボットの視点から目的地に辿り着くための最適な道順を論理的に考えたり、友達と意見の交換をして人間関係の形成やコミュニケーションの向上を図ったりすることを目指している。

　また、一人で考える場面と友達と相談しながら協働的に取り組む場面を意図的に設定したことで、様々な道順から考える予測が出て、他者と自分の視点が違うことに気が付くことができるようにした。

使用するツール・支援のポイント

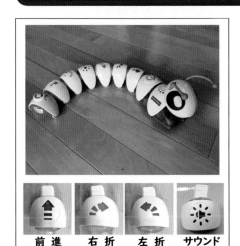

前進　右折　左折　サウンド

【コード・A・ピラー】

　本実践ではフィッシャー・プライスが販売している芋虫型のプログラミングロボット「コード・A・ピラー」を使用した（販売終了。現在は後継機コード・A・ピラー・ツイストが販売されている）。このロボットは、胴体部分が関節ごとに外れて胴体パーツの一つ一つが「前進」「右折」「左折」などの命令を持ち、胴体パーツのつなげ方を変えることで動きが変化する。本実践では、「前進」「右折」「左折」「サウンド」の4種類の命令を使用した。

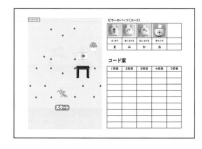

【課題シート】

　A4サイズで「課題シート」を作成し、左側には思考の共有化をしやすくするために、配置図に考えた道順の軌跡を記入する欄、右側に使用するパーツを確認する欄とコード案を記入する欄を設けた。

　配置図には、ピラーの動き方の目印となる点を付けた。
※道順の記入は蛍光ペンです。
（初回：橙、修正1：黄、修正2：緑、修正3：青）

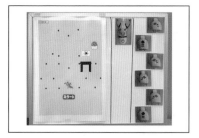

【作戦ボード】

　B4サイズのホワイトボードでグループの「作戦ボード」を作成し、左側の配置図に道順を記入し、右側に「命令カード」を貼ることにした。個人の課題シートと同じ形式にし、命令は考えながら入れ替えることができるようにした。

【スタート・ケーキシート】

　A3用紙にスタートと目的地となるケーキを印刷し、ラミネート加工した。

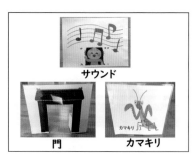

【その他のシート】

　A3用紙にサウンドの目印となるアマビエと音符を印刷し、ラミネート加工した。

　迂回を促すシートとしてカマキリ、中を通ることを促すシートとして門を印刷し、ラミネート加工した。さらに自立できるように、背面にペン立てを取り付けた。

【コース】

　児童が自分たちで配置図を見ながらコースを作ることができるように、床に事前に目印となるシールを貼っておく。

児童の実態

・小学部高学年3名のグループ
・方向の概念や方向を示す言葉の意味を理解できている児童
・自分の意見を分かりやすく伝えたり、友達の意見を受け入れたりすることが苦手
・ピラーを使った学習に取り組んだ経験がある

指導計画

次・時数	学習活動内容
第1次 （2時間）	ピラーちゃんとあそぼう！
第2次 （4時間）	協力してピラーちゃんにケーキをあげよう！（本時5／6時）

（全6時間）

授業の流れ

	本時の展開	指導上の留意点
導入	①本時の学習の流れを聞く。 ●どんな問題だろう。楽しみだな。	●学習の流れを始めに説明することで、学習活動に見通しをもてるようにする。
展開	②ピラーの動かし方やコース上のエリアについて説明を聞く。 ●動き方はわかった。 ●サウンドエリアでは、サウンドのパーツが必要だな。	●「前進」「右折」「左折」「サウンド」のパーツの動きを、PowerPointを見ながら確認する。 ●エリアについてPowerPointを見て確認する。
	③課題シートを見て、問題数やコースを知る。 ●今日は、レベル7だな。 ●全部で6問だな。	●見通しをもつことと一人で考える時間を設定する目的で、一人一人に課題シート（6枚つづり）をバインダーと共に用意し配付する。
	④課題シートの配置図を見て、コース上にエリアを設置してコースを作る。 ●サウンドはここで、ケーキはここだな。 ●ピラーはどう動くかな。少し歩いてみよう。	●自分たちでコースを作ることで、実際のコースを色々な方向から見たり歩いたりできるようにする。
	⑤一人で課題シートの配置図上で動きを考え、ピラーの軌道を記入したり、コード案を記入したりする。 ●まずは、右から行けばいいかな。 ●門を通るには、左に向かないといけないな。	●考えるための手掛かりとして、配置図にはピラーの動きの目印となる点を付けたり、コード案欄には使うパーツを提示したりしておく。
	⑥課題シートを3人で見せ合い、予測を紹介し合って一つのプログラムを決定し、作戦ボードに命令カードを貼って示す。 ●この道順で行くのがいいと思うけど。 ●こっちの方が早く行けそうだよ。	●課題シートを持ち寄って見せながら説明することで、お互いが考えたことを伝えやすくする。 ●話し合って決定した予測のプログラムを貼るための作戦ボードを用意する。

展開	⑦ピラーの頭部パーツに、作戦通りに胴体パーツを組み込み、スタートをして確認する。 ※全ての問題が終わるまで、新しい問題に取り組む。 ●やったー。ケーキ食べることができた。 ●あれ、反対に行っちゃった。	●失敗した時はピラーの組み込みで修正するのではなく、再度課題シートに記入しながら修正案を考えるように促す。
まとめ	⑧本時の振り返りを行う。	●グループで協力して課題を達成することができたことを振り返ったり、次回の学習活動を紹介したりすることで期待感が高まるようにする。

実践を振り返って

　本実践では、少人数のグループで芋虫型ロボットを使い、まずは一人で目的地までの道順を予測し、グループで持ち寄り相談して命令を考えて決定し、組み合わせて確認する活動を行った。最終的には、目的地まで最短で行ける道順を予測し、課題シートを手掛かりに道順や命令の組み合せを考え、ロボットを目的地まで到達することができるようになった。命令の組み合せを考える際は、課題シートにスタートから目的地までの道順を蛍光ペン（初回：橙、修正１：黄、修正２：緑、修正３：青）で軌跡を描き入れながら考えることとしたことで、グループで話し合うときに見せながら説明する姿や、失敗したときに前の色の軌跡を確認しながら修正する姿が見られた。課題シート上だけでは道順の予測に自信のない児童は、実際にコース上を歩いて確認する姿が見られた。

　１時間に毎回１つのレベルの問題を６問提示する流れとしたことで、児童たちは時間内に全てクリアする目標を掲げ、④コースの作成〜⑦組み込んで確認までの活動をとても意欲的に行う姿が見られた。グループの予測を決定して作戦ボードを作る場面でも、司会係や書記係などの役割分担をしてより少ない命令で達成するにはどうしたらよいかについて活発に意見交換する姿が見られた。

　実践を終え、児童の間では「効率的」「最短」という言葉が定着し、掃除場面など様々な場面で効率的な方法を探す児童の姿が見られるようになった。

【特別支援学校　小学部】

| 自立活動 | キュベットくんをあんないしよう |

熊本大学教育学部附属特別支援学校　小田貴史

学習目標

○目的地までの道筋がわかり、「キュベット」を導くためのブロックの組み合わせ方や組み合わせたブロックを友だちへ伝える方法がわかる。
○情報を整理して動かし方を相手にわかりやすく伝えたり、伝えられた情報を活用したりすることができる。
○課題解決に関する情報を見つけ、繰り返し課題に向き合おうとしたり、適切に情報を活用したりする。

　本実践は、「キュベット」が目的地までたどり着くよう、プログラミングをする活動に取り組んだ。「キュベット」が目的地までたどり着くまでの道筋を様々な条件を加味しながら、論理的思考をはたらかせて考える「プログラミング」の要素と、「右」「左」「前」といった向きや位置を意識すること、また、目的地までの道筋を考える児童、伝えられた道筋をキュベットにプログラムする児童など個々に応じたねらいを設定し学習を進めた。

　関連する自立活動の区分は、心理的な安定（1）、人間関係の形成（1）、環境の把握（5）、コミュニケーション（5）である。

使用するツール・支援のポイント

【キュベット】

　「プリモトイズ」が開発したプログラミングツール。「前に進む（緑）」「右を向く（赤）」「左を向く（黄）」などのコーディングブロックを組み合わせてプログラムをつくり、それをコントロールパネルと呼ばれる木製パネルにはめ込むことで、キュベット本体を動かすことができる。コーディングブロックの色や形が手がかりになるため、文字の読み書きが未習得でもプログラムをすることができる。目的地に到着するには、どのようにブロックを並べれば良いかを考えて取り組むことができる。キュベットにはコーディングブロックで動く向きが分かりやすいよう、ブロックの色と同じ色のシールを動く向きに貼った。また、コーディングブロックを順番に並べる場所がわかるよう、番号を記した。

【ミニキュベット】

　実際に「キュベット」を動かす道筋をイメージしながら考えることができるよう、それぞれの手元で操作をしながら思考するツールとして、「キュベット」を小さくした「ミニキュベット」を用意した。

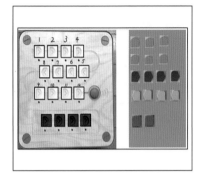

【マイボード】

　A4程度の大きさにコントロールパネルの写真を印刷したものと、発砲スチレンボードにコーディングブロックの写真を貼ったものを思考ツールとしてそれぞれの手元に用意した。自分の考えたコーディングブロックの配列を可視化でき、間違いや考え直しがあった場合に修正しやすい利点がある。

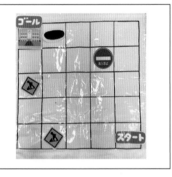

【オリジナルマップ】

　付属のマップとは異なり必要な情報のみを示すことができ、自由なルート設定もできる。キュベットの動きに合わせ付属のマップと同じ幅のマス目で作成した。

　スタート地点や目的地、障害物などを児童の実態に応じて変えることができるようにした。

児童の実態

・小学部5、6年生　6人
児童の実態やねらいに応じて2つのグループを設定

グループ	課　題
Aグループ（障害の程度　軽度～中度）	◇失敗や間違えることが苦手 ◇順序立てて伝えることが不得意 ◇友だちとのコミュニケーションに消極的
Bグループ （障害の程度　重度）	◇友だちや教師の話のスムーズな受け入れが苦手 ◇右、左の位置の理解が難しい

　これらの実態をふまえ、Aグループは目的地までの道筋を考えて伝えること、Bグループは伝えられた色のブロックをコントロールパネルにはめ込むことを活動内容として設定した。

指導計画

次・時数	学習活動内容
第1次 （5時間／本時）	「キュベット君」をあんないしよう ・キュベットを目的地までプログラミングする。
第2次 （3時間）	「人間キュベット」をあんないしよう ・キュベットになった教師を目的地までプログラミングする。
第3次 （3時間）	「キュベット君」になろう ・児童がキュベットになりきって目的地までプログラミングされる。

（全11時間）

授業の流れ

	本時の展開	指導上の留意点
導入	①キュベットの動きの確認をする。	●コーディングブロックの意味を理解できるよう、iPad を用いて、コーディングブロックをテレビ画面に映し、「右をむく」などの文字で記す。
	②本時の目的を知る。 　「キュベット君を学校にあんないしよう」 　自分の家（スタート地点）から学校までの道筋を考え、キュベットにプログラムする。 　2つの活動グループ（A グループと B グループ）に分かれる。 【A グループ】目的地までの道筋を考え、B グループの児童に伝える。 【B グループ】A グループから伝えられたコーディングブロックをキュベットに入力する。	●グループ編成や自分の目的地が分かりやすいよう、テレビ画面にグループ編成や地図の画像を映す。
展開	③かんがえよう 【A グループ】 ●ミニキュベットを操作しながら考える。 ●マイボードに自分の考えを示す。 ●ロイロノートに考えを入力して、教師のタブレットに送信する。 【B グループ】 ●キュベットを実際に操作しながら、ブロックと動きの意味の確認をする。	● A グループの一人ずつに、ミニキュベット、マイボード、iPad を用意する ●児童が試行錯誤しながら、答えを導きだせるよう、教師からのヒントはできるだけ控えめにする。 ●「④あんないしよう」で友達からの伝達を再現しやすいよう、事前にキュベットの動き方やブロックの意味の確認を行う。

展開	④あんないしよう ※Ａグループの児童が提出した考えを一人ずつ検証する。 ●Ａグループの児童がＢグループの児童に入力するブロックを伝える。 ●Ｂグループの児童は、伝えられたブロックをコントロールパネルに入力し、スタートボタンを押す。 ●キュベットが目的地まで正しく向かうか見る。 ●間違えた場合は、ミニキュベットなどを活用して、教師と一緒に考える。  ④「あんないしよう」の様子	●Ｂグループの児童に伝わりづらい時には、マイボードやロイロノートの画面を見せるよう促す。 ●ブロックをはめ込みづらい時には、手を添えるなどの支援をする。 ●目的地にたどりついた時には、拍手など賞賛の声かけをする。
まとめ	⑤ふりかえり ●案内した道筋を振り返る。 ●感想を発表する。	●本時に考えた道筋のプログラム内容をテレビに示す。 ●がんばったことや難しかったことなどをインタビュー形式で聞き取るようにする。また、教師からの良かったところの気づきも伝える。 ●感想を発表することが難しい児童にはイラストや文字で示した、気持ちの選択肢を提示する。

実践を振り返って

　児童は「キュベット」での学習を積み重ねるにしたがって、「キュベット」に親しみをもち、授業の冒頭には「キュベットくーん」と登場を呼びかける様子が見られた。また、「キュベット」の動く姿を楽しんだり、課題をクリアしようとじっくり考えたりする姿は、「キュベット」をプログラムすることを意欲的に取り組みながら、自然と学びに向かう姿勢を引き出していると感じた。

　一人一人に応じた課題を設定したり、児童の発達段階に応じて、役割を２つにわけて取り組んだりしたことで、実態差のある学習グループにおいて個に応じたねらいを設定することができた。

　Ａグループでは、「キュベット」を目的地に案内したい、課題をクリアしたいという思いから、間違えても何度も試行錯誤する姿に児童の主体性を見ることができた。また、Ｂグループの児童の中には、普段は、友達からの働きかけの受け入れが難しいが、ブロックをはめ込むという活動が分かりやすかったこと、課題をクリアしたい、「キュベット」を動かしたいという思いから、友達からの働きかけを受け入れやすいように感じた。

　本実践をとおして、解決までの見通しを持つこと、与えられた情報からどの道筋が最適か、比較や選択をすること、課題解決に向けてどのような手順を踏めば良いか段取りを考えていくことを、楽しみながら体感することができたのではないかと考える。

【特別支援学校　中学部】

| 自立活動 | **ブロックをはめて動かそう** |

北海道札幌養護学校　松本祥子

学習目標
○将来的なプログラミングに向けて、論理的思考の基礎を経験する。
○提示された手順に沿って課題を遂行できる。
○興味・関心のあるものを通して、何度も取り組もうとする。

　本実践では、具体物を操作して動かす経験を通して、論理的思考の基礎を経験することをねらいとし、プログラミングの前段階的な意味合いで取り組んだ。毎日20分程度取り組んでいる朝の学習では、生徒のニーズに合わせて机上の課題に個別に教師と取り組んでおり、本生徒は3つの課題を行なっている。課題は左から右、上から下などの一定の手順で完成させる「ペグさし」、指先の力の入れ方や手と目の協応を練習する「洗濯バサミつなぎ」、プログラミング教材の「キュベット」を設定した。具体物を操作することで言葉や数などの基礎的な部分についての理解の定着、自立活動の「環境の把握」の認知や行動の手がかりとなる概念の形成についても意識して実践を進めた。

使用するツール・支援のポイント

【キュベット】

　キュベットはプリモトイズから発売されている木製のロボットである。デジタル画面を使わず、手で触ってプログラミングの基礎を知ることができるもので、読み書きができる前の子供であってもプログラミングを学ぶことができるデザインになっている。

　キュベットを使用した理由として、「ペグさし教材」と学習活動が似ているため、生徒が習得している手の使い方で取り組めると考えたからである。キュベットのコントロールパネルは1段目は「左から右」へ、2段目は「右から左」へブロックをはめていくのだが、今回の実践の初期では「左から右」の手順の般化を考え、2段目のブロックも「左から右」へブロックを入れても良いこととした。実践の後期では2段目のブロックを置き始めるときに、教師が指さしをした左右どちらかの端にブロックを入れるように指導し、2段目は「右から左」の流れも経験できるように指導した（図1、図2）。

　抽出して使用したブロックは8個で、使用している机のサイズから、コントロールパネルの2段目までを使用してロボットが動くように設定した。スタートから4ヶ月は「前」（緑のブロック）4個、「左」（黄

のブロック）4個を使用した。スタートから4ヶ月後は「前」（緑のブロック）4個、「左」（黄のブロック）2個、「右」（赤のブロック）2個を使用した（図3）。

　教師があらかじめブロックの数を限定し、お菓子を乗せたキュベットが常に生徒の前で停止するようにした。

図1　2段目左から右

図2　2段目指差しで右から左

図3　ブロック

生徒の実態

・中学部3年生1名。
・日常的に教師の支援が必要な生徒ではあるが、つまむ、持つなど身の回りのことをやり遂げる手の動きや体の動きを習得している。
・「あ」と発声して何かしらの要求があることを伝えてくることがある。
・表出言語はないが、立つ、座るなどのよく聞く音声指示で行動することがある。
・教師と一緒に発表をするときにタブレットを VOCA のように使用している。
・縦長の個別のスケジュールを使用し、「上から下へ操作する」、「なくなったら終わり」などの認知面の学びを日課の中で取り組んでいる（図4）。
・フリップやタップなどタブレットの基本的な操作ができ、好きな食べ物の写真を見ている。

図4　個別のスケジュール

指導計画

次・時数	学習活動内容
後期 （10月〜3月）	**キュベットを動かしてみよう。** ・順番にブロックを入れる。 ・教師が指差ししたところにブロックを入れる。 ・色々な動きを体験する。

（全 70 時間）

授業の流れ

本時の展開	指導上の留意点
①コントロールパネルとブロックを机上に配置する（図5、6）。  図5 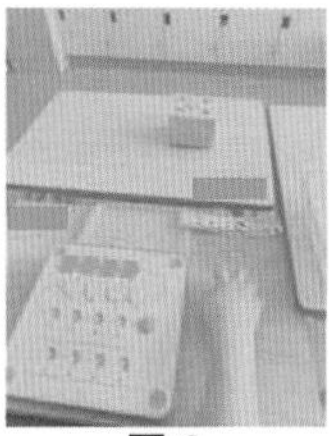　　図6	●キュベットとコントロールパネルの電源は教師が入れておく。 ●キュベットは生徒の正面の机に教師が配置する。 ●生徒がキュベットの動きに興味が持てるように、ご褒美で選んだお菓子をキュベットの上に置く。
②左手でコントロールパネルを押さえる。	●教師が手を添えて、生徒が利き手と反対の手も使えるように支援する。
③3種類のブロックから、1つ選び、コントロールパネルの左上に1つ目のブロックをはめる（図1）。	●教師がコントロールパネルの左上の場所を指差しして、生徒が選んだブロックをはめる場所を伝える。 ●生徒がブロックをはめる向きを試行錯誤できるように教師がブロックがはまるまで回してモデルを示す。 ●生徒が試行錯誤を続けられるように教師は手を添える。
④残りの7個のブロックを「左から右」、「上から下」の順にコントロールパネルにはめる。	●教師は生徒が左手でコントロールパネルを押さえたり、選んだブロックを「左から右」、「上から下」の順に入れたりできるように支援する。 ●生徒がブロックをはめる時に試行錯誤できるように教師が手を添える。 ●ブロックをコントロールパネルにはめた結果キュベットが動き、ご褒美のお菓子が目の前まで移動していることを言語化して伝え、期待が持てるように進める。
⑤全てのブロックをはめ終えたら、スタートボタンを押す。	●生徒が8個目のブロックをはめた後にスタートボタンを押すように教師が手を添えて支援する。
⑥動き出したキュベットを追視する。	●生徒が興味を持てるように、キュベットの動きを言語化する。
⑦キュベットが止まったら「できました」カードを教師に手渡して報告をする。	●教師はカードを受け取り、ブロックをはめたことでキュベットが動いた様子を言語化する。
⑧キュベットが運んできたお菓子を食べる。	●次の学習に期待が持てるように言語化して称賛する。
⑨コントロールパネルとブロックをカゴに入れて、所定の場所に片付ける。	

（※左端に縦書き「展開」）

実践を振り返って

　今回の取り組みでは、論理的思考の基礎を経験することをねらいとし、プログラミングの前段階的な意味合いで取り組んだ。生徒が、選んだブロックがはまるまでブロックの向きを試行錯誤するようになったことから、「ブロックをはめる」という操作の結果、「キュベットが動く」という基礎的な因果関係について理解ができたのではないかと考える。音声言語でのコミュニケーションが難しく、日常生活で支援や見守りを多く必要とする状況の生徒が、プログラミングの意味を理解して取り組むことに難しさを感じていた。しかし、実際取り組んでみると、複数の課題を教材棚に準備しておくと、必ずキュベットから準備したり、指導の後期では、教師の手添えがなくてもスタートボタンを押す様子があったことから、教材に興味を持って取り組んでいたと評価できる。本実践では、「動きを予測してブロックをはめる」ところまでは、エピソードとして捉えることはできなかった。本生徒は卒業しているため、取り組みの継続はできないが、使用するブロックを１個からはじめ、お菓子などの生徒が興味のあるものを乗せたキュベットの停止する場所が自分にどんどん近づいてくる経験を通して、キュベットの動きを予測してブロックをはめることができるようになるのではないかと考えている。

　支援を多く必要とする生徒であっても、具体物を操作しながら物事を順序立てて行っていく学びを繰り返すことは、将来的なプログラミングに向けての論理的思考の基礎を経験したり、認知や行動の手がかりの理解が進んだりするためには大切な視点であるということがわかった。

【特別支援学校　中学部】

| 自立活動 | コード・A・ピラー、コード・A・ピラー・ツイストを目的地まで歩かせよう |

大阪府立西浦支援学校　樋井一宏

| 学習目標 | ○コード・A・ピラー、コード・A・ピラー・ツイストの操作に慣れる。
○目的地に到達できる道順と距離を予測して、予測に基づいた命令を出すことができる。
○試行結果から修正点を考察し、命令に反映させることができる。
・「前進」「右折」「左折」各1パーツで進む距離から目的地までの道順と各パーツの組み合わせを考えるシーケンスの思考方法。 |

　本実践ではプログラミングロボットの動きを見ながら具体的な操作を伴う形でプログラミング的思考の育成を目的にした。特に、目的地に至る道順が複数考えられるような課題設定を行った。自分の位置を起点とし、プログラミングロボットの進行方向を推定する活動は自立活動における「4　環境の把握（5）認知や行動の手がかりとなる概念の形成に関すること」の課題と捉えることもできる。そして、各自の方法で目的地に至るよう命令を組む姿を見せ合うことで、思考方法の拡がりを期待した実践である。これは、自立活動における「6　コミュニケーション（1）コミュニケーションの基礎的能力に関すること」に関連する課題として設定した。また、個人では、自分の出した命令がどのような動きになるのか具体的に見えることで、どこに修正点があるのかを発見し、結果に応じた修正を行うというトライアンドエラーのアプローチを経験することを目的とした。これは、自立活動における「3　人間関係の形成（3）自己の理解と行動の調整に関すること」に関連する課題として設定した。活動全体を通じて、一度の試行で目的を達成することだけでなく、「失敗」から改善点を見つけ、修正を繰り返すことで目的達成に至る経験がプログラミング的思考を学ぶ大きな意義の一つだと考えて実践を行った。これは自立活動における「2　心理的な安定（1）情緒の安定に関すること」に関連する課題として捉えることもできると考えた。

　このようにプログラミングロボットの動きを制御する活動の中でプログラミング的思考を育成するとともに、個人の活動及び集団での学び合いを通じて自立活動の心理的な安定や人間関係の形成、コミュニケーションの課題ともなりうると考え実践を行った。

使用するツール・支援のポイント

【コード・A・ピラー】 ※現在は販売終了しています

　フィッシャープライスが販売するプログラミングロボット「コード・A・ピラー」（以下Aピラー）。

　頭部に命令を出す4種類（「前進」「右折」「左折」「サウンド」）の胴体パーツを差し込むことで、動かすことができる。

【コード・A・ピラー・ツイスト】

　コード・A・ピラーの後継機（以下ツイスト）。胴体の5つの節に取り付けられたつまみを調節することでそれぞれ「前進」「右折」「左折」「歌う」「寝る」などの命令を出して動かすことができる。

　Aピラーとツイストの最大の違いは、Aピラーが胴体数を増減させることで命令数を1～限りなく増やせるのに対して、ツイストでは必ず5つの命令を出さなければならない点である。つまり、ツイストの方が制限が強くAピラーの方が自由度が高いという特徴を踏まえた課題設定が可能である。本実践では最初にAピラーを使って自由度の高い課題に取り組み、思考方法に慣れたところで制限のあるツイストを使って、より厳しい条件下での思考方法に挑戦するように単元を構成した。

生徒の実態

　知的障害特別支援学校中学部に通う2、3年生6名。課題別学習グループ4展開中、最も軽度のグループ。本実践は同じ課題別学習グループに対して中学部2年時にAピラーでの学習を行い、3年時にはツイストでの学習を行った。（次頁指導計画参照）

　言語による指示理解が可能で、日常的なやりとりも可能。過去の学習経験から自信がない生徒がほとんどである。そこでトライアンドエラーで取り組むことに主眼を置き、「失敗」が許される本課題が適当と考え実践を行った。本実践以外にViscuitでのプログラミング的思考の学習を各学期1～2回（1回あたり2コマ程度、1コマ50分）行っている。

指導計画

次・時数	学習活動内容
1次＊2年時 （2時間）	・Aピラーの基本的な操作を覚えて、目的地に到達させよう
2次＊3年時 （2時間・本時）	・ツイストの基本的な操作を覚えて、いろいろなルートで目的地に到達させよう

（全4時間）

授業の流れ

	本時の展開	指導上の留意点
導入	①あいさつ ②本時のねらい ●ツイストの基本的な操作を覚える。 ●どんな道順でも良いので目的地に到達する。	●前年度扱ったAピラーの操作を筆者投稿のYouTube動画で見せる。（＊P176参照） ●Aピラーとツイストの違いについて気づけるようにする。 ●1度で到達できなくとも試行錯誤しながら目的地に到達できれば良いことを確認する。
展開	③スタートとゴールを示す	●どのような道順であってもゴールに到達できれば良いことを伝える。
	④実際にツイストを動かしてみる	●1人1台ツイストとタブレット端末を渡す。 ●操作方法はQRコードを読み込めば何度でも動画で確認できることを伝える。 ●タブレット端末で活動の様子を記録する。
	⑤修正点を考え、再挑戦する ＊くり返す	●撮影した動画を確認したり、目標物を置いたりそれぞれの方略を認める。
	⑥新しいゴールや条件を考える →④〜⑤	●生徒一人ひとり、自分が取り組んでみたい条件を考えるようにする。
まとめ	⑦本時の振り返り	●それぞれの取り組みの様子を活動時の様子を記録した動画等で振り返り、よかった点を褒めるようにする。

実践を振り返って

　本実践では最初はスタートとゴールを教員が設定し、その中で生徒たちは試行錯誤してゴールへの到達をめざしていた（写真1）。その際、すぐにツイストに命令を行って動きを確認して何度も挑戦する生徒もいれば、一度試行した後は動画を見直して熟考してから再試行する生徒もいた（写真2）。また、ツイストの移動の軌跡を身振り手振りで確認する生徒や、通ったポイントに物を置いて記録する生徒など、その取り組み方は多様であった。そのような多様な方略を間近で見ながら、「そうやれば良いんだ」など他者の取り組みを引き出すことができた。

　そして、一度到達した後には生徒自身が「ゴールに右から到達する」などの条件を加えて取り組む意欲的な姿が見られた。授業の流れ⑥では、元々は教員が新しい条件を出そうと考えていたが、生徒から「〇〇でやってみたい」といった声が上がったため、急遽生徒自身に条件を考えてもらうこととした。

　何より、1回目で到達できなくとも、何度も自分なりの方略でやり直しながら課題解決を行う経験を積めたことが大きかったと感じている。学習に対して正解することを求められ、正解できなかった経験から自信をなくしてしまっていた生徒たちにとって、「失敗」は終わりではなく、改善点を見つけて繰り返し取り組むことの重要性を学ぶことができる機会となったのではないかと考えている。

　また、活動の様子は教員が動画撮影し、あとで見返すことで友だちが違った方略で同じ課題に取り組んでいることに気づけるようにした（写真3）。そして、操作方法について事前録画した動画を活用することで、生徒一人ひとりのペースに合わせて再確認できる授業のあり方を示すことができたと感じている。

写真1　スタート位置にライン、ゴールは箱で示し、途中椅子を置いて障害物を設置した。スタート位置からゴールまで自由な道順が選べるようにした。

写真2　ツイストを動かす時は生徒自身が動画撮影し、あとで振り返ることができるようにした。

写真3　活動の様子を教員が動画撮影し、記録した。

＊本実践で使用したコード・A・ピラーの使用方法を説明する動画は筆者のHP「ダッシュニン の特別支援教材室」（https://dashnin-kyouzaiko.com）で見ることができます。

176

自立活動	# Keynote で西浦フェスティバルの劇の動く背景を作ろう

大阪府立西浦支援学校　樋井一宏

学習目標	○劇行事のストーリー展開に合った動く背景を Keynote で作る。 ○目的に応じたプレゼンテーションアプリ（Keynote）のアニメーション、エフェクトの順番や組み合わせを考え作成する。 ・自分の担当する場面のストーリーを理解し、どのような背景がふさわしいかを考え自ら課題設定を行う。 ・課題設定に基づいて、イラストの大きさや配置、動きを試行錯誤する中で、自身のイメージに近づける。

　本実践は毎年本校で開かれる劇行事「西浦フェスティバル」の劇背景をプレゼンテーションアプリで作成した実践である。プレゼンテーションアプリはスライド切り替えのエフェクトや、挿入した文字や絵を動かすアニメーションが設定でき、その組み合わせによって表現が変わる。この仕組みを利用してプログラミング的思考の育成ができないかと考え、取り組んだ。ストーリーを理解し、その解釈やイメージを背景という形で表現する。そのためにはどのような背景が合うかという課題設定を自ら行う必要があり、その課題解決に向けたアニメーションの設定や組み合わせを試行錯誤することがプログラミング的思考の育成につながると考えた。自身が設定したアニメーション機能等の組み合わせによって背景の動きを制御し表現する課題である。プレゼンテーションアプリのアニメーション機能等の1つ1つのつながりやタイミングの設定をプログラミング言語のシーケンスのように捉えることも可能ではないかと考え、プログラミング的思考の育成の課題として設定した。ただ単純にスライドを並べるのではなく、劇のシナリオという「物語」を受容し、それぞれが解釈し、背景として再構築して表出するという課題である。表出の際にこれまで自立活動で行ってきた他のプログラミング的思考での学び（P173 参照／筆者のコード・A・ピラーの実践等）を活かせるのではないかと考えて実践した。

　自身の解釈を背景に落とし込むという課題にプレゼンテーションアプリのアニメーション機能の組み合わせを用いて取り組む点で、これは自立活動における「6　コミュニケーション（2）言語の受容と表出に関連する課題」と捉えることが可能である。また、自分が意図した表現をアニメーションの組み合わせ（どのアニメーションが適切か・開始終了のタイミング・繰り返しなど）で行うことにプログラミング教育の側面が十分にあると考えた。それぞれが担当場面を作成し、それを合わせて一つにするために生じる調整作業では、自身の考えを他者に伝え、相手の考えを理解しアニメーションの構成を調整する必要がある。この点は自立活動における「3　人間関係の形成（2）他者の意図や感情の理解・（4）集団への参加に関すること」、「6　コミュニケーション（5）状況に応じたコミュニケーションの課題」に関連し、協働的な活動にも重点を置いて単元を構成した。

使用するツール・支援のポイント

【iPad】

　個人が使用する端末を固定することでキーボード等の設定を個人に最適化して使用できる。AirDrop を使って教員と生徒、生徒間での課題の配布・回収が容易にできる。

【Keynote】

　Apple 純正のプレゼンテーションアプリ。ビルドの順番やタイミングなどを組み合わせることでプログラミング的思考の学習に使用できる。

【iMovie】

　Apple 純正の動画編集アプリ。基本的な動画編集が直感的な操作でできる。音量やピッチの調整も可能。

　iPad の Keynote を使用して、中1から中3までの生徒の劇行事のたびに動く背景づくりを行ってきた。学年が上がるにつれて教員が指示する条件を減らし、生徒自身がストーリー理解に基づいた背景づくりができるように、計画的に実践を行った。中3時には、素材となる絵のみを配布し特に条件を提示せず作成するよう指示し、自分たちだけの力で実際に作成することができた。

生徒の実態

・知的障害特別支援学校中学部に通う2，3年生6名。課題別学習グループ4展開中、最も軽度のグループ。（本実践は同一グループの1年時～3年時　劇行事期間に毎年取り組んだ）
・言語による指示理解が可能で、日常的なやりとりも可能。過去の学習経験から自信がない生徒がほとんどである。本実践以外にコード・A・ピラー、Viscuit でのプログラミング的思考の学習を各学期に1～2回（1回あたり2コマ程度　1コマ50分）行っている。自立活動の時間に Keynote を活用した取り組みや動画編集の課題も行っている。

指導計画

次・時数	学習活動内容
1次＊1年時（4時間）	・ストーリーの確認 ・Keynote の操作法の説明 ・担当場面の決定 ・劇背景の作成
2次＊2年時（3時間）	・前年度の活動、操作方法の振り返り ・ストーリーの確認 ・劇背景の作成＊動画編集
3次＊3年時（3時間＊本時）	・前年度の活動、操作方法の振り返り ・ストーリーの確認 ・劇背景の作成＊動画編集

（全10時間）

授業の流れ

	本時の展開	指導上の留意点
導入	①あいさつ ②本時のねらい	●ストーリーの確認を行う。 ●担当場面の確認。 ●1人1台 iPad を配布。 ●使用するイラストを送信する。
展開	③スライドテーマを決める	●どのスライドテーマが自分の場面に合うかを考えるよう言葉かけを行う。
	④動く背景づくり	●操作方法がわからない場合は友だちや教員に聞くように伝える。
	⑤プレビューで確認	●イメージと合っているかを確認する。違っている場合はどこが違うのかを考え修正する。 ●必要に応じて修正点を整理できるよう聞き取りを行う。
	⑥早くできた生徒はナレーション動画の編集	● iMovieで編集作業を行い、Keynote のスライドに埋め込むように伝える。 ●不要な部分のカットと音声のバランス調整を行うよう編集することを伝える。
まとめ	⑦本時の振り返り	●全員の作品を順に提示し、工夫した点などを共有する。

実践を振り返って

　3年間の継続した取り組みによって、より効果的な実践となった。1年時には「○○のイラストは必ず消えるエフェクトで終わってください」や「□□のイラストはモーションパスで動かしてください」といった条件を教員が提示していたが、最終年度の本時は教員が条件を示すことなく生徒自身で条件を考えて活動を行うことができた。他の学習グループが描いた絵を、自分の担当する場面の背景に配置して、イメージを基にアニメーションを組み合わせて構成することができた。生徒によっては複雑な開始設定や動きの設定まで行っていた。Keynoteの操作や動画編集についてもこれまでの自立活動の授業で獲得した知識や技能を活用して課題に取り組むことができていた。一度設定したアニメーションをプレビューで確認しながら修正していく様はまさにプログラミング的思考による課題解決の過程であった。プログラミングによって生み出されるものは、課題解決であるとともに自己表現であると考えている。プレゼンテーションアプリとは伝えたい内容をより効果的に伝えるためのツールである。それゆえに自己表現との親和性が高いと考えて、今回の実践の使用ツールとして選んだ。

ビルドの順番やイラストの配置を工夫した

テーマのカラーバランスも自分で調整

劇行事のストーリー理解を動く背景という表現に落とし込む際にプログラミング的思考を働かせることができた実践であった。3年時、1人の生徒が本番前日に録画した劇の様子を見て、背景の一部を修正したいと申し出てくれ、最後までこだわって課題に取り組むことができたことが印象に残った。

一人ひとりが個別に作ったものを一つにまとめて。アニメーションのタイミングなどをみんなで確認

アニメーションのイン・アウトをどうすればイメージと合うかを考えて何度もやり直して制作

＊劇行事のストーリー理解に使用したデジタル紙芝居および劇台本は筆者のHP「ダッシュニンの特別支援教材室」（https://dashnin-kyouzaiko.com）にてダウンロードできます。

| 部活動
（写真部） | Sphero SPRK ＋プログラミングで
不思議な写真や映像効果を撮影しよう！ |

埼玉県立特別支援学校さいたま桜高等学園　関口あさか
埼玉県立大宮北特別支援学校（前任校：さいたま桜高等学園）　永冨真理

| 学習目標 | Sphero SPRK ＋をプログラミングしたり、シャッタースピードを変えたりして、不思議な映像効果を作る。
・表現したいシーンに合わせて、光の色や強さ、タイミング、動き、動きの範囲、速さ、カメラやビデオカメラの設定を組み合わせることで、型にはまらない様々な種類のプログラミングを考える経験を積んでいく。
・『映像効果作り』を通して、生徒同士の関わり合いを生み、生徒それぞれのコミュニケーションや人間関係の形成における課題を、改善・克服していく。 |

　本実践では映画作りの一環で、『Sphero SPRK ＋のプログラミング』と『一眼レフカメラ』を組み合わせることで『不思議な映像効果』を撮影した。表現自体にこれといった型や正解がない分、生徒は自由な発想で表現したいシーンに合わせて様々な「プログラミングを作成」→「実行」→「修正」を繰り返し行う経験を積むことができた。さらに非常にユニークで面白い幻想的な写真や映像を撮影することができた。

使用するツール・支援のポイント

【Sphero SPRK ＋】

　Sphero が販売しているボール型のプログラミングロボット。様々な方向に動かせ、色も自由に変えることができる。さらに防水仕様のため、水の中や絵の具をつけて走らせるといった活用も可能。

【Sphero Edu】

　Sphero をプログラミングして動かすことができる専用のアプリケーション。線で描いて動かす『ドロー』と、プログラミングの要素のブロックを組み合わせて動かす（ビジュアルプログラミング）『ブロック』、そして JavaScript を使用してテキスト打ち込みプログラミングを実行する『テキスト』の3つのモードで Sphero を動かすことができる。

生徒の実態

　軽度知的障害のある生徒 10 名。コミュニケーションや人間関係に課題があり、自分の思いを伝えたり、また相手の意見を受け入れることが難しかったり、協力して遂行することが苦手な生徒が多い。写真が好きで、部員全員が一眼レフカメラの扱いに慣れている。

指導計画

次・時数	学習活動内容
1次 （1時間）	**Sphero SPRK ＋で遊ぼう！** ジョイスティックや傾き機能、ドロー機能を使って、SPRK+ を教室や廊下など広いスペースで走らせたり、光らせたりして、SPRK+ の機能や動きの特徴を理解しながら遊ぶ。
2次 （2時間）	**Sphero SPRK ＋の動きと光の軌跡を撮影しよう！** カメラのシャッタースピードを遅くして、光の軌跡を撮影する。 水や透明な水槽、丸い容器、アクリル板などを用意し、光の軌跡に変化があるか、どのように映るのか試す。
3次 （3時間）	**表現したいシーンを2人1組のチームで撮影しよう！** Sphero SPRK+ で表現したいシーンを表すために、Sphero Edu を使ってプログラミングを組んで動かし、試行と修正を重ねて撮影する。
4次 （2時間）	**できた映像効果を共有し合おう！** お互いの作品を見合い、さらにより良い映像効果を作ることができないか、どんな工夫ができるか考え、実行する。 作成者がなぜこのようなプログラミングをしたかを説明し合う。

（全8時間）

授業の流れ

	本時の展開	指導上の留意点
導入	① Sphero Edu のブロックプログラミングを使って、Sphero SPRK ＋（以下 SPRK ＋）を動かしたり、光らせたりする。 	●ブロックプログラミングを使って、SPRK ＋を目的地まで走らせたり、指定した色に組み合わせる方法を例示する。 ● 端末は iPad だけでなく、本人が所有する iPhone も使っても良いこととした。
展開	②撮影する。 ●2人から3人で一組のチームとなり、表現したいイメージを考え、撮影する。	●撮影に当たっては SPRK ＋をジョイスティックで自由に動かしても良いし、プログラミングで動かしても良いと伝え、それぞれの違いや良さに

展開	●撮影する人、SPRK＋を動かす人など分担を決めて行う。 ●前回の授業で活用して効果的であったもの（水や透明な水槽、丸い容器、アクリル板など）を準備する。 	気づくきっかけをつくる。 ●シャッタースピードを考慮してSPRK＋を何秒後に動かすのか計算するよう伝える。 ●真っ暗になる部屋も用意し、シャッタースピードを調整して光の軌跡がきれいに撮影できるようにする。 ●トラブルがあった際は自分たちでまず話し合い、それでも解決が難しい場合は教師に相談するよう伝え、友達に自分の思いを伝えたり、相手の意見を聞き入れたりする機会を作る。
まとめ	③撮影した写真を取り込んで保存する。 ●各班が撮影した写真をPCで取り込み、共有フォルダに保存する。 ●きれいに撮影できた写真を、別のフォルダを作成して保存する。	●写真を取り込み、採用する写真を選択して、見やすいようにフォルダ分けするよう伝える。
	④撮影に関しての振り返り会の実施。 ●撮影した写真を複数枚提示し、何を使ってどのように撮影したのか、工夫したポイント、SPRK＋を動かす際にプログラミングを利用したかとその理由を発表する。	●撮影の難しかったこと、工夫したポイント、そして撮影の際プログラミング（コマンド）をしたかどうか（その理由も含む）を発表するよう伝える。 ●プログラミングを使用した場合はその理由を聞き、コマンドを使用すると誰でも同じようにSPRK＋を動かすことができる再現性の高さやドローやジョイスティック機能では表現できない速い動きができることなどに気づけるようにする。

【実際に生徒たちが撮影した写真一覧】

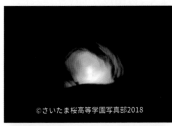

©さいたま桜高等学園写真部2018

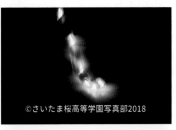

©さいたま桜高等学園写真部2018

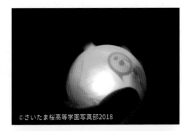

©さいたま桜高等学園写真部2018

©さいたま桜高等学園写真部2018

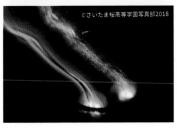

©さいたま桜高等学園写真部2018

©さいたま桜高等学園写真部 2018

【生徒たちが撮影した映像効果を使用した映画のシーン】

以下の URL もしくは QR コードから見ることができる。

※この動画は今後も公開予定ですが、事前の予告なく公開を停止する場合があります。

https://www.youtube.com/watch?v=9iBLMhsNYJs

実践を振り返って

　本実践では、プログラミングをすること自体が目的ではなく、『表現して作品づくりを楽しむこと』を通して、その過程の中で自然な形でプログラミングの良さに気づけるようにした。具体的には、撮影の場面になると、表現したいシーンに合わせて、Sphero SPRK ＋の光の色や強さ、タイミング、動き、速さに加え、カメラのシャッタースピードや撮影できる範囲などを計算したり考えたりして撮影しなければならない。そうなると一回で完璧に撮影することは難しく、Take2、Take3 と撮り直す必要が出てくる。実際に、『もう一回さっきのやって！』と生徒たちから頻繁に要求が出た。指先で SPRK ＋を動かすジョイスティック機能だと限界があり、多くの生徒がすでに組み立てたプログラミングを実行して撮影をしていた。このように、プログラミングを実行すれば何度も同じ動きができる再現性の高さや便利さに多くの生徒が気づくことができた。

　また、表現したいイメージを撮影することが目的であるため、決められたプログラミングを組むのではなく、「この世界観を表現する」、「このシーンをよりよく表現する」ことを目的として行うため、どれが間違いということが生まれない。そのため、「もっと光を強くしてほしい」など友達からの要求や意見を聞き入れ、どう表現したらいいか考え、試行と修正を繰り返していく過程を友達と協力しながら経験することができた。制約がなく、自由度が高いため、色々なプログラミングを試しながら作成することができ、自ら様々なプログラミングの仕組みを学ぶことができたことも大きなメリットであったと感じている。

おわりに

　1983年に任天堂よりファミリーコンピュータが発売されました。小学生だった筆者も、家族に対し「友達と遊んでくる」と言って出ることが「友達の家で一緒にファミコンをする」という意味をオブラートに包んだものに変わってしまったことを子供心に少し後ろめたく感じたものです。とはいえ例外なく当時発売された「スーパーマリオブラザーズ」に夢中になったのも事実です。このソフトのデータ容量はなんと40KB（キロ・バイト）。キロ・バイトとはデータの量を表す単位で、キロ（K）は単位に冠して、10の3乗倍を意味する接頭語。コンピュータなどの世界では、2の10乗バイト（1,024バイト）を指します。キロバイトの上の単位がメガバイト（MB）やギガバイト（GB）です。今のスマホで撮る写真が1枚で数百KB～数MBであることから、私たちが普段、無意識的に触れているデータ量そのものが指数関数的に増大していることは明確です。こうした進化は、何もデータ量に限ったことではなく、人工知能（AI）が発達し、人間の知性を超えることによって、人間の生活に大きな変化が起こるという概念であるシンギュラリティ（技術的特異点）は2045年ごろと言われるように、ICTに関わる全てのことに共通することです。しかし、そのようなことを気にしているのはわずかばかりのシステムを作る側の人であり、私も含め、大多数の受益者たるコンシューマーは普段、今あるものを使うことに満足していますし、それで困ることはないように思います。

　同じことは、教育にも当てはまります。我が国のナショナルカリキュラムである「学習指導要領」は、これまでもほぼ10年を目安に改訂という進化を遂げてきています。プログラミング教育の導入は現行の2020年改訂学習指導要領の目玉ともいえるでしょう。しかし、その耐用年数は、今後は10年と考えるべきではないかもしれません。たとえばプログラミング的思考を考える際によくジュースの自販機が例に挙げられます。本書でも第1章第5節で山崎先生が取り上げていますね。たしかに子供にとって身近な存在であり、お金を入れ、ボタンを押すとジュースが出てくる自販機は、ジュースを買う手順や、同じ値段のジュースを複数買う手順、釣り銭切れ・品切れになった際にどうするかというプログラムを、「順次」「繰り返し」「分岐」で説明しやすいのは間違いありません。しかし、ジュースを販売する自販機がこの先も今の形であることは誰にも保証できないです。車がMTからほぼATのみに移行し、ガソリン車がEV車に変わっていく未来は、私の学生時代には想像できなかったことです（私は未だにガソリンで動くMTのスポーツカーを好んで乗っていますが）。

　このように、今の状態がこの先ずっと続くということはない、ということを少なからず意識する必要があるでしょう。特に、交通や情報、そして教育分野のトレンドは今後も大きく変化するでしょう。加えて、今日、知的障害のある子供たちが働く、お菓子作りや清掃などの仕事は、近い将来AIにとって代わられる可能性が高いことに筆者は危惧します。

本書で取り扱った知的・発達障害のある子どものプログラミング教育の考え方とその実践は、このような時代の趨勢の中にありつつも、実態把握に基づき、個々の特性や発達段階に応じた適切な教育的支援を行うという、まさに「特別支援教育」そのものです。しかしそのねらいとすることは、プログラミング的思考を育むだけでなく、認知発達や、社会性・コミュニケーション能力の向上など、多岐にわたることができます。そして、そうしたプログラミング教育の便益によって、知的障害や発達障害のある子供が、いつも何か支援される側でなく、プログラミング的思考やそれにまつわる能力やスキルを発揮して社会を変える人材として活躍できる、そんな未来を期待しています。

　そのために、最後に先の書籍に書いたことをそのまま再掲して、おわりのことばとさせていただきます。

　デジタルネイティブ世代の子供たちの今とこれからにとって、プログラミング教育ははたして福音となるのか、私たちに試されているのです。

水内豊和

監修・編著者紹介

【監修】

金森克浩 (帝京大学教育学部教授)

東京都立大学理学部数学科卒業、東京学芸大学大学院教育学研究科修士課程障害児教育専攻修了。修士（教育学）。

特別支援教育士スーパーバイザー、福祉情報技術コーディネーター1級。

文部科学省「教育の情報化に関する手引」作成検討会構成員。文部科学省「新しい時代の特別支援教育の在り方に関する有識者会議」委員。文部科学省「障害のある児童生徒の教材の充実に関する検討会」委員。NHK for School「ストレッチマン・ゴールド」番組委員。

主な著書に、「発達障害のある子の学びを深める教材・教具・ICTの教室活用アイデア」（明治図書）、「〔実践〕特別支援教育とAT（アシスティブテクノロジー）第1集～第7集」（明治図書）、「知的障害特別支援学校のICTを活用した授業づくり」（ジアース教育新社）、「決定版！特別支援教育のためのタブレット活用」（ジアース教育新社）、「特別支援教育におけるATを活用したコミュニケーション支援」（ジアース教育新社）、「新時代を生きる力を育む　知的・発達障害のある子のプログラミング教育実践」（ジアース教育新社）ほか多数。

【編著者】

水内豊和 (富山大学人間発達科学部准教授)

岡山大学教育学部養護学校教員養成課程卒業、広島大学大学院教育学研究科博士課程前期幼年期総合科学専攻修了、東北大学大学院博士課程教育情報学教育部教育情報学専攻修了。博士（教育情報学）。

公認心理師、臨床発達心理士、福祉情報技術コーディネーター1級。

主な著書に、「よくわかる障害児保育」（ミネルヴァ書房）、「よくわかるインクルーシブ保育」（ミネルヴァ書房）、「ソーシャルスキルトレーニングのためのICT活用ガイド」（グレートインターナショナル）、「AI時代の『教育』を探る—実践研究者8人の予測—」（ミネルヴァ書房）、「AI研究でわかる『プログラミング教育』成功の秘訣」（大修館書店）、「新時代を生きる力を育む　知的・発達障害のある子のプログラミング教育実践」（ジアース教育新社）ほか。

齋藤大地 (宇都宮大学共同教育学部助教)

東京学芸大学教育学部初等教育教員養成課程卒業、筑波大学大学院人間総合科学研究科心身障害学専攻修了。修士（心身障害学）。

東京未来大学非常勤講師。学校心理士、Intel Teach Program マスターティーチャー。魔法のプロジェクト2015～2019年度採択者ならびに魔法のティーチャー。2018年度パナソニック教育財団研究代表者ならびに優秀賞受賞。

主な著作に、「デジタル教科書を活用した予習により家庭生活スキルを獲得した取り組み」『実践障害児教育』（2018.7）、「伝わるよろこびを感じよう—2種類のVOCAアプリの活用—」『特別支援教育の実践情報』（2016.6/7）、「新時代を生きる力を育む　知的・発達障害のある子のプログラミング教育実践」（ジアース教育新社）ほか、著書、論文多数。

執筆者一覧

はじめに　　金森 克浩　前掲

第1章
第1節　水内 豊和　　前掲
第2節　齋藤 大地　　前掲
第3節　海老沢 穣　　一般社団法人 SOZO.Perspective 代表理事／新渡戸文化小学校
　　　　　　　　　　（前東京都立石神井特別支援学校）
第4節　後藤 匡敬　　熊本大学教育学部附属特別支援学校
第5節　山崎 智仁　　富山大学人間発達科学部附属特別支援学校
第6節　藤田 武士　　茨城県立協和特別支援学校
第7節　加藤 章芳　　北海道美深高等養護学校
第8節　東森 清仁　　横浜市立仏向小学校
第9節　青木 高光　　国立特別支援教育総合研究所
コラム　伊藤 美和　　富山大学大学院人間発達科学研究科

第2章
手島 達雄　　岐阜市立鏡島小学校
東森 清仁　　前掲
松本 将孝　　堺市教育委員会事務局（元大阪教育大学附属特別支援学校）
鈴木 俊介　　横浜市立川和東小学校
北村 満　　　富山大学人間発達科学部附属特別支援学校
後藤 匡敬　　前掲
田中 愛　　　新宿区立鶴巻小学校
滑川 真衣　　東京都立青峰学園
加藤 章芳　　前掲
関口 あさか　埼玉県立特別支援学校さいたま桜高等学園
松本 大樹　　姫路市立豊富小中学校
和久田 高之　神奈川県立相模原中央支援学校
禿 嘉人　　　東京都立光明学園
藤林 謙太　　富山大学人間発達科学部附属特別支援学校
小渡 晋二郎　沖縄県立八重山特別支援学校
太田 啓介　　町田市立南つくし野小学校
山崎 智仁　　前掲
奥田 隼人　　熊本大学教育学部附属特別支援学校
上羽 奈津美　熊本大学教育学部附属特別支援学校
高橋 正義　　秋田県立能代支援学校
藤田 武士　　前掲
小田 貴史　　熊本大学教育学部附属特別支援学校
松本 祥子　　北海道札幌養護学校
樋井 一宏　　大阪府立西浦支援学校
永冨 真理　　埼玉県立大宮北特別支援学校（前さいたま桜高等学園）

おわりに　　水内 豊和　前掲

（掲載順）

新時代を生きる力を育む

知的・発達障害のある子の プログラミング教育実践 2

2021 年　9 月 16 日　第 1 版第 1 刷発行

監　修　　金森 克浩

編　著　　水内 豊和、齋藤 大地

発行人　　加藤 勝博

発行所　　株式会社 ジアース教育新社

　　　　　〒 101-0054　東京都千代田区神田錦町 1-23　宗保第 2 ビル

　　　　　TEL：03-5282-7183　FAX：03-5282-7892

　　　　　URL：https://www.kyoikushinsha.co.jp/

表紙デザイン・DTP　　土屋図形 株式会社
表紙イラスト　　伊藤 美和
印刷・製本　　シナノ印刷 株式会社
Printed in Japan
ISBN 978-4-86371-597-4
〇定価はカバーに表示してあります。
〇乱丁・落丁はお取り替えいたします。（禁無断転載）

好評
発売中

新時代を生きる力を育む

知的・発達障害のある子の

プログラミング
教育実践

新時代を生きる力を育む

知的・発達障害のある子の

プログラミング
教育実践

監修：金森克浩　編著：水内豊和　著：海老沢穣、齋藤大地、山崎智仁

ジアース教育新社

監修：金森 克浩　編著：水内 豊和　著：海老沢 穣／齋藤 大地／山崎 智仁

■ B5 判／ 162 頁／オールカラー　■定価 2,420 円 (本体 2,200 円＋税 10%)　■ ISBN978-4-86371-534-9

2020 年度から、特別支援学校の小学部でも必修になったプログラミング教育。先行事例の少ない中、ハードルの高さを感じている先生方に向けて、主に知的障害特別支援学校において行われた 28 の多様なプログラミング教育実践をお届けします。使いやすいツールの解説や選定のポイント、児童生徒に応じた支援のアイデア等も満載。パソコンやタブレットを使わずにできる実践事例も掲載しています。「知的障害特別支援学校におけるプログラミング教育」について理解を深め、楽しい授業づくりに存分にご活用ください。